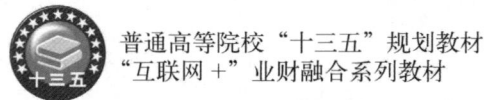

普通高等院校"十三五"规划教材
"互联网+"业财融合系列教材

会计技能实操

张亚珍 高玉莲 陈世文／主编
傅丽萍 吴巧红 邓　涵 房敏鹰／副主编

立信会计出版社
LIXIN ACCOUNTING PUBLISHING HOUSE

图书在版编目(CIP)数据

会计技能实操 / 张亚珍，高玉莲，陈世文主编. ——上海：立信会计出版社，2020.6(2021.5 重印)
ISBN 978-7-5429-6338-3

Ⅰ.①会… Ⅱ.①张… ②高… ③陈… Ⅲ.①会计学 Ⅳ.①F230

中国版本图书馆 CIP 数据核字(2020)第 082785 号

策划编辑　　郭　光
责任编辑　　郭　光
封面设计　　南房间

会计技能实操

Kuaiji Jineng Shicao

出版发行	立信会计出版社
地　　址	上海市中山西路 2230 号　　邮政编码　200235
电　　话	(021)64411389　　传　　真　(021)64411325
网　　址	www.lixinaph.com　　电子邮箱　lixinaph2019@126.com
网上书店	http://lixin.jd.com　　http://lxkjcbs.tmall.com
经　　销	各地新华书店
印　　刷	上海万卷印刷股份有限公司
开　　本	787 毫米×1092 毫米　　1/16
印　　张	11.5
字　　数	238 千字
版　　次	2020 年 6 月第 1 版
印　　次	2021 年 5 月第 2 次
印　　数	3 101—6 200
书　　号	ISBN 978-7-5429-6338-3/F
定　　价	42.00 元

如有印订差错，请与本社联系调换

本书编委会

主　编　张亚珍（广州工商学院）
　　　　　高玉莲（广州工商学院）
　　　　　陈世文（广州工商学院）

副主编　傅丽萍（广州工商学院）
　　　　　吴巧红（广州工商学院）
　　　　　邓　涵（广州工商学院）
　　　　　房敏鹰（广州工商学院）

参　编　郭楚童（广州工商学院）
　　　　　张小才（广州工商学院）
　　　　　聂　琴（广州工商学院）
　　　　　闫晓霞（广州市福思特科技有限公司）
　　　　　周铭球（佛山市一名企业管理有限公司）
　　　　　杜晓峰（广州聚恩财税咨询有限公司）
　　　　　程谨源（广州誉源财务咨询有限公司）
　　　　　刘振雄（广州奔创财税策划有限公司）

前　言

随着我国市场经济的快速发展,社会对人才的需求日趋多元化,不仅需要高精尖的专家型人才,还需要实践能力较强的高素质应用型人才。根据应用型本科财经类专业人才应具备的职业能力和素质要求,结合高等教育的特点,我们编写了本教材。

本教材适应应用型本科院校教学和人才市场的需求,全面介绍了会计书写技能、珠算技能、票据结算技能、点钞与伪钞识别技能、数字小键盘录入技能、收银技能、财务印章与会计档案业务技能、输入法技能等。本教材内容丰富新颖,涵盖了会计工作中各个岗位的基本实操知识,是一本体现专业性、综合性的技能实践教材。本教材不仅可以作为高等院校会计类专业的课程教学用书,亦可作为中高等职业教育经济类、金融类专业学生的学习用书,还可作为在职财会人员的学习参考用书。与同类教材相比,本教材具有以下几个特点。

1. 应用性强

本教材着眼于培养学生的实践操作能力,依据教育部的相关文件,总结若干年的会计实践教学经验,通过校企合作编写而成,内容上体现应用性和实用性。

2. 内容丰富全面

本教材内容涵盖了会计工作各岗位的基本实操技能。

3. 图文并茂

本教材配以大量的图片,先易后难,通俗易懂,符合会计操作规律,便于学生课前预习和课后巩固。

4. 教辅资料丰富

本教材每个模块后配有课后习题,通过阶段练习帮助学生掌握重难点的操作。

本教材由张亚珍、高玉莲、陈世文担任主编,傅丽萍、吴巧红、邓涵、房敏鹰担任副主编,参与编写的还有郭楚童、张小才、聂琴、闫晓霞、周铭球、杜晓峰、程谨源、刘振雄等。在编写过程中,我们参考了大量的著作、文献,在知识拓展内容中引用了相关网站及报刊上的资料,其来源未能一一注明,在此一并对相关作者表示衷心感谢。广州市福思特科技有限公司、佛山市一名企业管理有限公司、广州聚恩财税咨询有限公司、广州誉源财务咨询有限公司和广州奔创财税策划有限公司对本教材的编写提供了大量的支持和帮助,在此也表示衷心感谢。

由于时间紧迫以及编者水平有限,书中难免存在错漏不足之处,敬请读者批评指正!

编 者

2020年6月

目　录

项目一　会计技能实操概述 ··· 1
　　任务一　会计技能的重要性 ··· 1
　　任务二　如何学好会计技能 ··· 2
　　知识拓展 ··· 3
　　课后任务 ··· 3

项目二　会计书写技能 ·· 4
　　任务一　阿拉伯数字书写 ··· 5
　　任务二　中文大写数字书写 ··· 6
　　任务三　金额书写 ·· 6
　　知识拓展 ··· 9
　　课后任务 ··· 9

项目三　珠算技能 ·· 12
　　任务一　珠算基本知识与使用方法 ··································· 12
　　任务二　珠算拨珠方法 ·· 14
　　任务三　珠算加减法 ··· 24
　　任务四　珠算乘法 ··· 32
　　任务五　珠算除法 ··· 37
　　任务六　珠算等级鉴定考试 ·· 44
　　知识拓展 ··· 46
　　课后任务 ··· 46

项目四　票据结算技能 ·· 49
　　任务一　票据填写要求 ·· 49

  任务二 送存现金的处理方式 ················· 50
  任务三 支票结算方式 ······················· 52
  任务四 汇兑结算方式 ······················· 55
  任务五 银行汇票结算方式 ··················· 58
  任务六 商业汇票结算方式 ··················· 64
  任务七 银行本票结算方式 ··················· 69
  任务八 委托收款结算方式 ··················· 71
  任务九 托收承付结算方式 ··················· 73
  知识拓展 ····································· 77
  课后任务 ····································· 80

项目五 点钞与伪钞识别技能 83
  任务一 点钞的基本知识与票币清点 ··········· 83
  任务二 手工点钞方法 ······················· 85
  任务三 机器点钞与捆扎技术 ················· 89
  任务四 人民币防伪识别 ····················· 93
  任务五 外币防伪识别 ······················ 104
  知识拓展 ···································· 111
  课后任务 ···································· 114

项目六 数字小键盘录入技能 116
  任务一 小键盘操作要领 ···················· 116
  任务二 小键盘录入实训 ···················· 117
  任务三 传票翻打技能 ······················ 121
  知识拓展 ···································· 124
  课后任务 ···································· 125

项目七 收银技能 127
  任务一 电子收银机的基本知识 ·············· 127
  任务二 电子收银机的操作规程 ·············· 129
  任务三 电子收银机的保养和故障处理 ········ 133
  任务四 POS 机的操作 ······················ 134

任务五	现代收银技能	135
知识拓展		142
课后任务		143

项目八　财务印章与会计档案业务技能　144

任务一	财务印章的保管	145
任务二	财务印章的使用	146
任务三	原始凭证整理	148
任务四	会计凭证装订	149
任务五	会计档案保管	153
知识拓展		157
课后任务		160

项目九　输入技能　162

任务一	键盘录入基础	162
任务二	输入法介绍	165
任务三	常用会计符号	173
课后任务		174

项目一　会计技能实操概述

学习目标

1. 知识目标
   - 理解会计技能的重要性
2. 能力目标
   - 掌握会计技能实操的方法

案例导入

陈小丽是广州某高校2019届会计学专业毕业生。2019年6月，广州某银行向社会公开招聘30名会计学专业应届毕业生，共有1 000多名应聘者报名。经过紧张的笔试、面试和技能考核，陈小丽成为该银行的一名员工。对于考核，她深有感触，逾千人同场竞争，她的笔试、面试不占优势，但点钞、珠算、计算器盲打和票据填写等技能考核让她脱颖而出。

任务一　会计技能的重要性

随着市场经济的不断完善和市场竞争的日趋激烈，社会对人才的认识正在发生着微妙的变化，这种变化就是从单纯注重文凭向同时注重实际操作能力的转变。专业技能型人才供不应求，拥有一项好的专业技能，不仅可以在工作中体现价值，而且可以通过经验的积累不断创新技能，在人才市场上保持竞争力。

1. 信心的建立

会计技能实操是一种综合性思考和动作协调性结合的运动过程。学生通过学习专业技能知识，可以提高动手能力、协调能力，培养竞争意识，开发智力，增强学习兴趣，全面提高专业素质。成功的喜悦离不开艰辛的训练过程，会计技能实操是一个既辛苦又富于挑战的过程，是从陌生到熟练运用、从零的突破向完成目标的过程，它能使学生在不知不觉中养成认真、严谨、不怕吃苦的习惯并建立自信。

2.岗位的需要

应用型教育的目的是为了培养创新型、应用型人才。目前,财会专业学生就业范围十分广泛,毕业生刚工作时,一般都被安排在基础岗位,例如,出纳岗位、银行柜员岗位、收费岗位等。在会计工作的一系列流程中,多种技能贯穿于各个岗位,例如,会计人员填制记账凭证、登记会计账簿时要规范填写会计摘要和数字;为客户开具收据、发票时要符合票据开具规定要求;出纳员、收银员在收取现金时要掌握点钞技巧、识别真伪钞的技能和熟悉收款机的操作;月末结账、编制报表、编制预算时要运用计算器或算盘进行运算;出纳员开具支票时应加盖财务专用章及法人印章,印鉴齐全的支票才具有法律效力,所以印章保管也是需要掌握的会计技能。

3.助推企业发展

技能型员工是企业非常宝贵的人才,技能型人才已经成为构成企业核心竞争力的关键因素。企业要参与市场竞争,必须拥有高素质技能人才队伍。企业要求财务人员熟练掌握会计专业技能、提高工作效率、创造经济效益和提升企业的形象,这就要求财会专业的毕业生不仅要学好会计理论知识,更要掌握过硬的专业技能本领,提高实践与动手能力,做到会计理论与实际工作零距离对接,助推企业发展。

任务二 | 如何学好会计技能

会计技能实操是一个综合的技能训练项目。由于技能类型较多,不同类型技能的功能、作用和适用条件也不尽相同。训练者按照会计实际工作流程,结合自己的兴趣、爱好,按照先易后难的原则,循序渐进地完成学习和训练,不断体验进步和成功的感觉,增强自信心。

根据会计岗位需要,本课程主要学习会计书写技能、珠算技能、票据结算技能、点钞与防伪识别技能、数字小键盘录入技能、收银技能、财务印章与会计档案业务技能和输入技能。学生要熟练掌握以上各种技能,做到以下几点要求。

1.多看多读

作为常与数字打交道的财会专业学生,应通过多看数字,利用分位符号快速准确地读出数字,通过多看多读来培养自己善于观察数字与数字之间的关系,从而培养良好的数字敏感性。例如,本月销售额从上个月的600万元增加到了636万元,即销售率上升了6%。

2.多写勤练

会计工作离不开书写,不仅要书写文字,还要书写数字,相辅相成。数字离不开文字的表述,文字也离不开数字的说明,只有文字、数字并用,才能准确反映经济业务。会计文字和数字书写规范是会计的基础,直接关系到会计工作质量的优劣和会计管理水平的高低。因此,学生平时应按要求多练习,练就规范的会计文字和数字书写技能。一本整齐规范的会计账簿是财会专业学生专业能力的直接体现,也是展示自己的"专业名片"。会计多项技能实为"易学难精","易学"表现在通过教师传授和指导,这些技能能很快学会,"难精"则表现在学生如果不能掌握技能的要点,不勤加练习,就只能停留在表面,仅仅是会而已,不能熟能生巧。珠算四则运算、计算器盲打、点钞等专业技能,需要学生在一段时间内要坚持每天至少练习20分钟或以上,持之以恒,才会有所提高和收获。

3. 交叉练习

会计技能的训练过程是较为枯燥和乏味的,其中,珠算四则运算、计算器盲打输入练习更是意志和耐力的一种考验。学生在重复单一的技能练习时,可能会产生厌烦的心理,可以结合点钞技能、数码字书写等进行交叉练习,缓解大脑紧张,提高训练效果。

 知识拓展

珠算申遗历程

2009年1月,中国珠算首次申报联合国"人类非物质文化遗产代表作名录"未成功。此后,中国珠算心算协会数次修改申报材料,于2013年12月5日申报成功。

中国珠算心算协会副会长苏金秀在珠算申遗成功后对新华社记者说,随着计算机技术的发展,珠算的计算功能逐渐被削弱,但是古老的珠算依然有顽强的生命力。2013年12月5日珠算成功申遗,有助于让更多的人认识珠算,了解珠算,增强民族自豪感,吸引更多的人加入弘扬与保护珠算文化的行列中来。

珠算是以算盘为工具进行数字计算的一种方法,被誉为"中国第五大发明"。早在2008年,经国务院审核批准,珠算被列入第二批中国国家级非物质文化遗产名录。

(资料来源:新京报网)

课 后 任 务

一、目的

通过对课程内容的介绍及技能练习的要求,激发学生学习兴趣,为掌握会计技能做好充分的准备。

二、要求及任务

(1) 从会计工作岗位的需要分析,学生应掌握哪几项会计技能?

(2) 你觉得有哪些方法可增强我们对数字的敏感性?

项目二　会计书写技能

学习目标

1. 知识目标
- 掌握阿拉伯数字、汉字大写数字、大写金额、小写金额的规范书写方法
2. 能力目标
- 能规范填写各类原始凭证、记账凭证和账簿

案例导入

表 2-1　银行存款日记账

2019年		凭证号数	摘要	借方金额										贷方金额										借或贷	余额									
月	日			百	十	万	千	百	十	元	角	分		百	十	万	千	百	十	元	角	分			百	十	万	千	百	十	元	角	分
08	01		期初余额																				借				2	6	0	0	0	0	0
	03	银付01	购买文具															5	0	0	0	0	借				2	5	5	0	0	0	0
	10	银收01	收到货款			1	8	0	0	0	0	0											借				4	3	5	0	0	0	0
	20	银付02	购买材料												1	7	6	0	0	0	0		借				2	5	9	0	0	0	0
	31		本月合计			1	8	0	0	0	0	0			1	8	1	0	0	0	0		借				2	5	9	0	0	0	0

表2-1是出纳员经常登记的银行存款日记账,请你观察该账页的数字书写和我们平时的数字书写习惯是否相同?你认为会计数字是不是就该如此书写呢?如果文字或数字书写有误,可以使用涂改液、橡皮擦更正吗?

会计实务工作离不开书写,书写技能是会计技能中非常重要的一项基本功。在日常会计核算工作中,会计书写技能一般包括阿拉伯数字书写、中文大写数字书写两部分。

在填制原始凭证、编制记账凭证、登记账簿和编制会计报表的会计账务处理过程中,会计人员书写阿拉伯数字和大小写金额时应规范化,力求做到正确、清晰、整洁和美观。

任务一 阿拉伯数字书写

阿拉伯数字最初由印度人发明,公元 8 世纪传入阿拉伯,后由阿拉伯人传向欧洲,之后再由欧洲人将其现代化。阿拉伯数字笔画简单、字数少,是现今国际通用数字。加强阿拉伯数字的训练,规范、正确地书写阿拉伯数字,是会计人员应具备的基本技能,有助于提高会计人员的业务素质。会计业务中的阿拉伯数字,与数学或汉文字学中的书写方法不完全一致。从字体上讲,既不能把会计数码字写成刻板的印刷体,也不能把它们写成难辨认的草体,更不能为追求形式上的美观把它们写成美术体。

1. 阿拉伯数字规范写法示范

会计业务中的阿拉伯数字手写体,是会计人员经过长期实践、不断总结逐步形成的一种独特书写格式。

规范的阿拉伯数字手写体可见图 2-1。

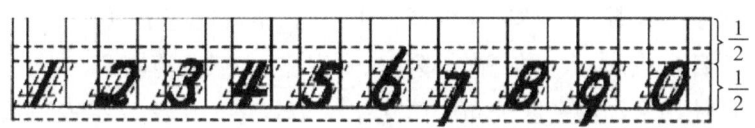

图 2-1 阿拉伯数字标准手写体示例

2. 阿拉伯数字规范书写要求

(1) 会计数字书写时,笔画要流畅,数字应自上而下、从左至右书写,不能连笔,大小要匀称。

(2) 阿拉伯数字书写时,应自右上方向左下方倾斜,数字与底线通常呈 60 度的夹角。

(3) 在没有印刷数字格的会计书写中,同一行相邻数字之间应空出半个阿拉伯数字的位置。

(4) 除"6""7"和"9"外,书写时每个数字下方要贴紧底线,但上不可顶格。一般每个格内数字占 1/2 或 2/3 的位置,使上方留出一定的空位,以便为更正数字留有余地。

(5) 对于易混淆且笔顺相近的数字,尽可能地按规范字体书写,书写时应区分笔顺,避免混同,以防被涂改,具体要求如下:

第一,"1"不能写得过短,要保持倾斜度,将格子占满,以防止被改写为"4""6""7""9"。

第二,"2"的底部要上绕,以防止被改写为"3"。

第三,"4"的顶部不能封口,"4"的竖画要偏右。

第四,"6"的竖画要偏左、上提为一般数字的 1/4,下圆要明显,以防止被改写为"8"。

第五,"7""9"的竖画要偏右、下拉出格至下格的上半格 1/4。

第六,写"0"时不能有缺口,不能带"尾巴",当几个"0"连写时,不能加连线。

第七,"6""8""9""0"的圆圈必须封口。

3. 阿拉伯数字书写更正方法

在会计工作中,当写错数字需要更正时,严禁使用擦、刮、补等方式,更不能用涂改液、消字药水等方式,而应采用划线更正法。此外,无论写错的数字是一个还是几个,不能就某个或某几个数字予以更正,都要在错误的全部数字中间划一道红线表示注销,并在红线左端加盖经手人私章以示负责,然后再将正确的数字写在被注销数字的上方。

任务二 中文大写数字书写

会计日常核算工作中经常使用中文汉字大写数字,其中文汉字大写数字书写与我们日常书写习惯大致相同,但仍然要符合会计书写规范要求。

1. 中文汉字大写数字的规范写法

(1) 中文汉字大写数字一律以正楷或行书书写,不得连笔书写。

(2) 字体要各自成形、大小匀称、排列整齐、字迹要工整、清晰。

(3) 不允许使用未经国务院公布的简化字或谐音字。中文汉字大写数字一律使用"壹、贰、叁、肆、伍、陆、柒、捌、玖、零、拾、佰、仟、万、元(圆)、角、分、整(正)"等,不得使用"一、二(两)、三、四、五、六、七、八、九、另(或0)、十、百、千、廿、毛"等代替。

2. 中文汉字大写数字标准字体

中文汉字大写数字标准书写见图2-2。

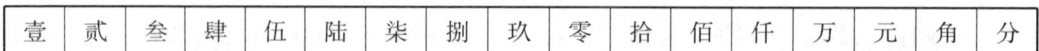

图2-2 标准的中文汉字大写数字

任务三 金额书写

一、中文大写金额数字书写要求

(1) 货币名称"人民币"与金额数字之间不得留有空白,大写金额要紧靠"人民币"三字书写。如果大写金额数字前未印有货币名称"人民币"字样的,应加填"人民币"三个字。

(2) 大写金额数字到"元"或"角"为止的,在"元"或"角"字后应写"整"或"正"字;如果大写金额有"分"的,则"分"后面不写"整"或"正"字。例如,将"¥15 000.00"表示为大写金额,应写为"人民币壹万伍仟元整";将"¥4 658.10"表示为大写金额,应写为"人民币肆仟陆佰伍拾捌元壹角整";将"￥32.79"表示为大写金额,则应写为"人民币叁拾贰元柒角玖分"。

（3）小写金额数字中间有"0"时,汉字大写金额应写"零"字。例如,将"￥1 604.50"表示为大写金额,应写为"人民币壹仟陆佰零肆元伍角整"。

（4）小写金额数字元位是"0",或者数字中连续有几个"0"且元位也是"0",但角位不是"0"时,中文汉字大写金额可以只写一个"零"字,也可不写"零"字。例如,将"￥580.23"表示为大写金额,应写为"人民币伍佰捌拾元零贰角叁分"或写为"人民币伍佰捌拾元贰角叁分";将"￥84 000.53"表示为大写金额,应写为"人民币捌万肆仟元零伍角叁分"或写为"人民币捌万肆仟元伍角叁分"。

（5）小写金额数字元位和角位都是"0"而分位不是"0"时,中文汉字大写金额应只写一个"零"字。例如,将"￥709 520.08"表示为大写金额,应写为"人民币柒拾万零玖仟伍佰贰拾元零捌分"。

（6）小写金额数字元位不是"0",角位是"0",而分位不是"0"时,中文汉字大写金额"元"后面要写"零"字。例如,将"￥7 409.02"表示为大写金额,应写为"人民币柒仟肆佰零玖元零贰分";将"￥124.03"表示为大写金额,应写为"人民币壹佰贰拾肆元零叁分"。

（7）小写金额数字分位是"0"时,可不写"零分"字样。例如,将"￥7.10"表示为大写金额,应写为"人民币柒元壹角整"。

（8）小写金额数字最高是"1"的,汉字大写金额要加写"壹"字。注意"壹拾几"的"壹"字不能少。例如,将"￥18.50"表示为大写金额,应写为"人民币壹拾捌元伍角整";将"￥158 300.00"表示为大写金额,应写为"人民币壹拾伍万捌仟叁佰元整"。

（9）在印好"万、仟、佰、拾、元、角、分"数位的凭证上书写大写金额时,可以在首个数字的数位字前划上"×"形符号占位。阿拉伯金额数字中间有几个"0"（含分位）,汉字大写金额就写几个"零"字。例如,将"￥400.50"表示为大写金额,应写为"人民币×万×仟肆佰零拾零元伍角零分"。

二、小写金额数字书写要求

1. 没有数位分割线的凭证、账、表上的小写金额数字书写要求

（1）小写金额数字前应书写货币币种符号或货币名称简写,凡阿拉伯数字前已写明币种符号的,数字后面不要再写货币单位。货币币种符号和阿拉伯数字之间不得留有空白,以防止金额被人为修改。例如,"￥"符号用于人民币小写金额数字前,具有双重含义:既代表人民币的币制,同时也有表示"元"的意思。小写金额前已填写人民币符号"￥"的,数字后面不要再写"元"。

（2）所有以元为单位的阿拉伯数字,除表示单价等情况外一律写到角分,其中,没有角分的角位和分位可写成".00"或者"—";有角无分的,分位应当写出"0",不得用"—"代替。

例如,将"人民币陆佰元整"表示为小写金额,应写为"¥600.00"或"¥600.—";将"人民币伍拾柒元壹角整"表示为小写金额,应写为"¥57.10",不能写成"¥57.1"或"¥57.1-"。

(3) 金额只有分位的,在元位和角位上分别写一个"0"字,并在元与角之间点一个小数点,如"¥0.09"。

(4) 小写金额数字书写应采用"三位分节制"记数法。元以上数字向左每三位数字作为一节,用"分位定隔号"隔开,最前面不足三位的可以单独为一个分节。例如,"¥18 347 609.52"。

2. 有数位分割线的凭证、账、表上的小写金额数字书写要求

(1) 必须对应固定的位数填写,不能错位。

(2) 只有角位或角分位金额的,在元位上不能写"0"字。

(3) 只有分位金额的,在元位和角位上均不能写"0"字。

(4) 分位是"0"的,应在分位上写"0";角位、分位都是"0"的,在角位、分位上分别写"0"字。

三、大小写金额书写对比

表 2-2 列示了大小写金额书写的对比。

表 2-2　大小写金额书写对比

会计凭证、账、表上的小写金额								原始凭证上的大写金额栏
没有数位分割线	有数位分割线							
	万	千	百	十	元	角	分	
¥0.03							3	人民币叁分
¥5.00					¥	5	0	0	人民币伍元整
¥27.01				¥	2	7	0	1	人民币贰拾柒元零壹分
¥8 040.60	¥	8	0	4	0	6	0	人民币捌仟零肆拾元陆角整
会计凭证、账、表上的小写金额								原始凭证上的大写金额栏(印有大写金额万、仟、佰、拾、元、角、分)
没有数位分割线	有数位分割线							
	万	千	百	十	元	角	分	
¥27.01				¥	2	7	0	1	人民币×万×仟×佰贰拾柒元零角壹分
¥630.05			¥	6	3	0	0	5	人民币×万×仟陆佰叁拾零元零角伍分
¥15 006.03	1	5	0	0	6	0	3	人民币壹万伍仟零佰零拾陆元零角叁分
¥14 000.20	1	4	0	0	0	2	0	人民币壹万肆仟零佰零拾零元贰角零分

> 知识拓展

人民币货币符号

货币符号是一种常被用来作为货币名称的图像速记符号。人民币货币符号是"￥"（两横）。

1. "￥"书写顺序

先写大写字母"Y"，再在竖划上加上两横，即为"￥"，读音为：yuán（音：元）。在逐位填写金额的表格中用阿拉伯数字填写金额时，在金额首位之前加一个"￥"符号，既可防止在金额前添加数字，又可表明是人民币的金额数量。由于"￥"本身表示人民币的单位"元"，所以，凡是在金额前加了"￥"符号的，金额后就不需要再加"元"字。

2. 人民币符号的来历

1955年3月1日，中国人民银行发行第二套人民币时首次正式确定人民币的符号。因为人民币单位为"元"，而"元"的汉语拼音是"yuán"，因此，人民币符号就采用"元"字汉语拼音字母中的第一个字母"Y"。为了区别"Y"和阿拉伯数字之间的误认和误写，就在"Y"字上加上两横而写成"￥"，读音仍为"元"。从此，人们就开始用"￥"符号表示人民币，在书写数字金额时用它作封头符号了，如"人民币壹佰元"写作"￥100"。

3. 输入方法

(1) 输入数字时须使用小键盘，便携式电脑须开启数字键盘。

中文/英文输入法状态下，按下Alt键不放，再输入0165，而后松开Alt键，可打出"￥"。

(2) "Shift＋4"或其他方法输入的"￥"可能会因字体改变而错乱。

中文输入法状态下，按"Shift＋$"，就是和数字"4"重复的键，可打出￥。

（资料来源：百度文库）

课 后 任 务

一、目的

加强学生对会计数字书写的认知，让学生掌握会计数字和大小写金额的书写技能。

二、要求及任务

1. 阿拉伯数字书写练习

要求：请在表2-3中练习阿拉伯数字的写法。

表 2-3　阿拉伯数字书写练习

2. 中文汉字大写数字书写练习

要求:请在表 2-4 中练习中文汉字大写数字写法。

表 2-4　中文汉字大写书写练习

3. 大写金额练习

要求:根据下列小写金额写出大写金额。

(1) ¥13.20

(2) ¥356.75

(3) ￥4 609.30　　_____

(4) ￥23 147.00　　_____

(5) ￥2 006.58　　_____

(6) ￥87 200.03　　_____

(7) ￥103 287.46　　_____

(8) ￥5 000 184.00　　_____

4. 小写金额练习

要求：根据下列大写金额写出小写金额。

(1) 人民币伍分　　_____

(2) 人民币伍元柒角整　　_____

(3) 人民币壹拾元整　　_____

(4) 人民币捌角肆分　　_____

(5) 人民币壹仟肆佰零陆元柒角整　　_____

(6) 人民币肆仟陆佰零伍元零叁分　　_____

(7) 人民币捌仟伍佰陆拾元叁角柒分　　_____

(8) 人民币玖佰捌拾柒万肆仟陆佰伍拾元零贰角壹分　　_____

项目三　珠算技能

学习目标

1. 知识目标
- 理解珠算算盘结构、计算特点、拨珠方法
- 了解珠算加减乘除运算、运算技巧
2. 能力目标
- 了解珠算起源及发展,并能使用算盘进行简单运算

 案例导入

算盘是我国劳动人民发明创造的,据史料记载,我国最迟在东汉时期已经出现算盘。算盘设计奇妙、简而不陋,是变相的太极图,其"二元示数"在世界上是独一无二。一千多年来,珠算在金融、贸易和人民生活等方面起了重要作用,是我国传统文化的瑰宝。在现代科学文化技术高度发达的今天,仍有着积极的作用,值得我们继续研究、发掘和继承,并让它发扬光大。

珠算文化在历史上虽然遭受过其他文化的冲击,甚至在某一个特定的时代里遭到许多人的遗弃与排斥,但最终还是被人们重新发掘和发展。珠算文化所弘扬的宝贵精神遗产,依然具有深远现实价值。珠算学是一座宝库,它的宝藏远远未被人们全部挖掘出来,现在的珠心算就是一个很好的例证。

任务一　珠算基本知识与使用方法

一、珠算的起源与发展

算盘,又称珠算盘,是我们祖先创造发明的一种简便的计算工具,它起源于东汉时期,到北宋时期被普遍使用。珠算是以算盘为工具、以数学理论为基础、运用手指拨珠

进行运算的一门计算技术。它是我国古代劳动人民重要的发明创造之一,千百年来这一技术不断扩散、传播到世界各地,推进了人类文明的发展历程。

中国是算盘的故乡,在计算机被普遍使用的今天,古老的算盘不仅没有被废弃,反而因它的灵便、准确等优点,在许多国家仍在使用。因此,人们往往把算盘的发明与中国古代四大发明相提并论,称其为中国古代"第五大发明"。由于算盘运算准确、快速,一千多年来一直是中国古代劳动人民普遍使用的计算工具,即使到现代,先进的电子计算器也不能完全取代算盘。联合国教科文组织在阿塞拜疆首都巴库通过决议,将珠算正式列为"人类非物质文化遗产",这也是我国第 30 项被列为"非遗"的项目。

二、算盘的结构

算盘的种类约有上百种,常用的算盘主要是七珠大算盘(见图 3-1)和五珠小算盘(见图 3-2)两种。算盘用珠表示数字,中梁(或简称为"梁")上一珠表示数 5,中梁下一珠表示数 1;以档表示位,位数的记法和笔算相同,高位在左、低位在右。

图 3-1 七珠大算盘

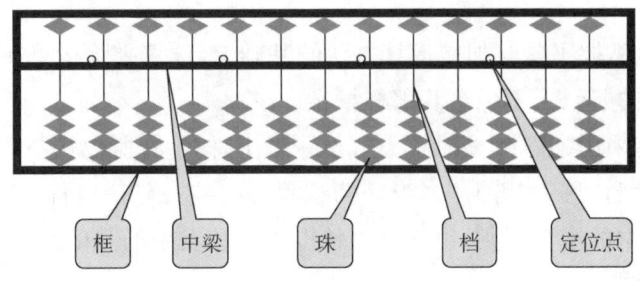

图 3-2 五珠小算盘

尽管各种算盘在大小和形状上有些区别,但它们的基本结构不外乎由框、梁、档、珠等部分组成。现在人们普遍使用经过改进后的算盘,增加了清盘器、计位点、垫脚等装置。关于算盘的专业术语解释如下。

(1) 算珠(珠、珠子、算盘珠)。在计算中,由于其所处的空间位置不同,而可以有不同赋值的珠子。算珠有圆珠和菱珠两种。

(2) 内珠（梁珠）。靠梁的算珠叫内珠，又叫梁珠，表示数字。

(3) 外珠（框珠）。靠框的算珠叫外珠，也叫框珠，通常表示为零和无数字，作补数运算时，也表示补数。

(4) 带珠。拨珠时，把本档或邻档不应拨入或拨去的算珠带入或带出叫带珠。

(5) 漂珠（漂子）。拨珠时用力过轻或过重，造成不靠边不靠梁，浮漂在档中间的算珠叫漂珠。

(6) 空盘。算珠全部靠框不靠梁叫空盘，表示算盘里没有记数。

(7) 空档。上下珠都不靠梁的档叫空档。"0"是以空档来表示的。

(8) 隔档。隔档亦称"隔位"，一般称本档的左二档或右二档为隔档。

(9) 前档（上位）。算盘本位的左一档（位），比本位大十倍。

(10) 下档（下位）。算盘本位的右一档（位），是本位的十分之一。

(11) 借档（串档）。运算过程中未将算珠拨入应拨的档位。

三、珠算的计算特点

珠算计算不同于其他计算方法，有其自身特殊性。珠算的特点概括如下。

(1) 算盘以算珠靠梁表示记数。每颗上珠当5，每颗下珠当1，以空档表示0，以档表示数位，高位在左，低位在右。

(2) 置数前算盘上不能有任何算珠靠梁。置数时，应先定位，由高位到低位（从左向右）将预定数字按位逐档拨珠靠梁。

(3) 珠算在进行加减运算时极为方便。珠算加减从左向右进行，与实际工作中读数顺序一致，可以边看边打，在被加数（被减数）上连加（连减）几个数，其结果立即从盘面显示出来。

(4) 在熟练地掌握了珠算加减运算方法的基础上，珠算乘除运算在算盘上就变成了用大九九口诀的加减运算，不像笔算那样繁杂。

(5) 珠算计算采用"五升十进制"。由于一颗上珠当5，所以当下珠满5时，需用同档的一颗上珠来代替，称为"五升"。当一档数满10向左档进一，称为"十进"。"五升十进制"是珠算运算中的重要规则，也是算盘赖以生存和发展的基础。

任务二 | 珠算拨珠方法

打算盘要有正确的拨珠指法，此外还要有正确的坐姿、清盘及握笔方法。

一、坐姿

打算盘时，应面桌而坐，身要正，腰要直，足放平，头稍低，眼睛距算盘30厘米左右为宜;肘部摆动幅度不宜过大,腕和肘微离桌面,肘关节的弯曲度一般应保持在90度左右,便于手指运算时左右移动;手指与算盘距离以0.5厘米左右为宜,过低容易带珠,过高影响计算效率。

算盘平放在桌面身前正中,离桌边10～15厘米处。计算资料摆放位置根据使用的算盘而定:用大算盘运算,计算资料放在算盘左方偏上位置;用小算盘运算,计算资料放在算盘底下,边计算边推(拉),始终使算题与算盘保持适当距离,避免漏算、重算或错算数字,并能加快计算速度,保证计算质量。

二、清盘

在每次置数运算之前,要使算盘上的所有算珠都离梁靠框,使全盘成为空盘,这个过程叫清盘。

清盘的方法根据所使用的算盘而定。有清盘器的算盘,可利用清盘器清盘;无清盘器的算盘,可用右手拇指和食指合并捏成钳型,沿算盘中梁上、下两侧(拇指在梁下,食指在梁上),从右向左迅速移动,依靠手指对算珠的推弹力,使算珠离梁靠边,但应注意两指用力要均匀适当,做到指过盘清。

三、握笔

运算时,应握笔拨珠,这样可以省去拿笔放笔时间,有利于提高计算效率。

(一) 大、中型算盘的握笔法

将笔横握于右手掌心,用无名指和小指夹住笔杆,笔尖在外,笔杆的上端伸出虎口(见图3-3),或用无名指和小指握笔,见图3-4。

(二) 小型算盘的握笔方法

将笔横握在右手拇指和食指之间,笔尖露在食指与中指之外,笔杆上端伸出虎口,见图3-5。

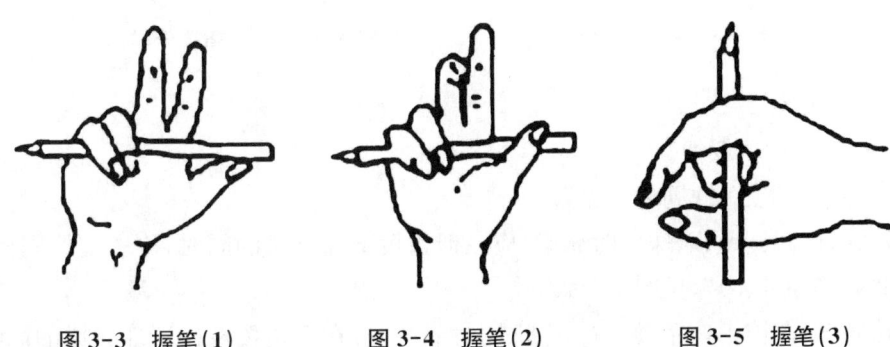

图3-3 握笔(1)　　图3-4 握笔(2)　　图3-5 握笔(3)

四、拨珠指法练习

(一) 三指拨珠法(适用于大、中型算盘)

三指拨珠法是用拇指、食指、中指三个手指拨珠,无名指和小指屈向掌心(见图3-6)。手指拨珠的一般要求为指稍倾斜,指尖触珠,用力适当,不要使用指甲或指腹拨珠。

1. 单指拨珠

为了迅速而准确地拨珠,拇指、食指和中指应有一定分工。

(1) 拇指主要管下珠靠梁,见图3-7。

(2) 食指专管下珠离梁,见图3-8。

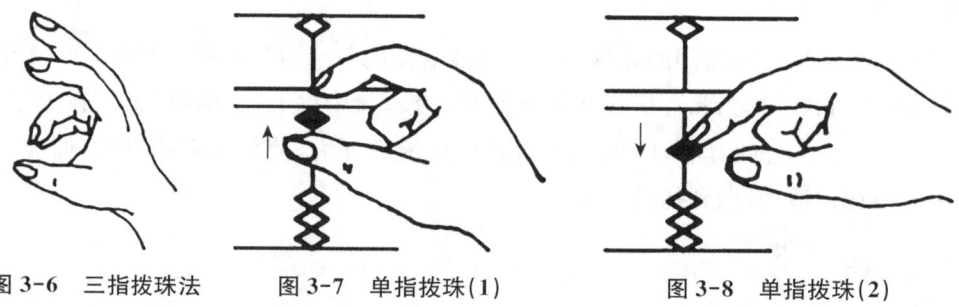

图3-6 三指拨珠法　　图3-7 单指拨珠(1)　　图3-8 单指拨珠(2)

(3) 中指专管上珠靠梁与离梁见图3-9和图3-10,为了减少拨珠次数,提高拨珠速度,在熟练单指拨珠的同时,还应进一步学习两指联拨和三指联拨。

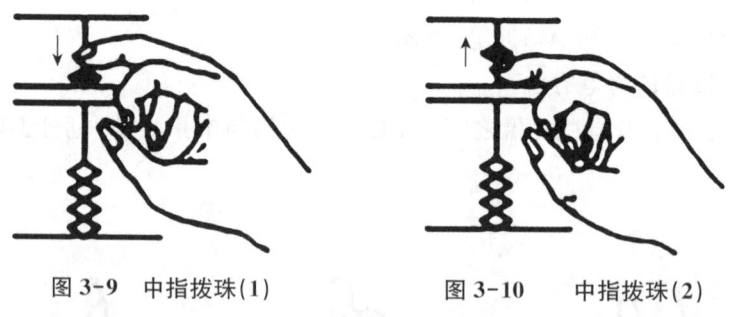

图3-9 中指拨珠(1)　　图3-10 中指拨珠(2)

2. 两指联拨

(1) 拇指和中指联拨。

第一,齐合(上、下珠同时靠梁)。

同档齐合(同档上、下珠同时靠梁)应在拇指拨下珠靠梁的同时,用中指拨同档上珠靠梁,如"0+9(6、7、8)",见图3-11。

邻档齐合(左档下珠靠梁,右档上珠同时靠梁)应在拇指拨左档下珠靠梁的同时,用中指拨右档上珠靠梁,如"0+15(25、35、45)",见图3-12。

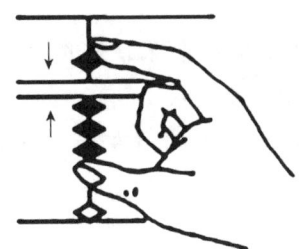
图 3-11 同档齐合

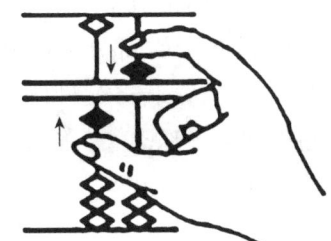
图 3-12 邻档齐合

第二,齐分(上、下珠同时离梁)。

同档齐分(同档上珠离梁,部分下珠离梁)应在中指拨上珠离梁的同时,用拇指拨同档部分下珠离梁,如"7-6、88-67、999-678"等,见图3-13。

邻档齐分(左档部分下珠靠梁,右档上珠离梁)应在拇指拨左档部分下珠离梁的同时,用中指拨右档上珠离梁,如"25-15、35-15、45-15、45-25、45-35"等,见图3-14。

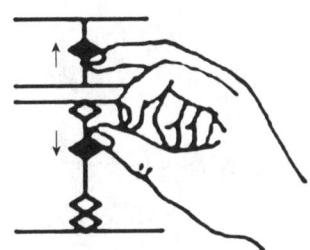
图 3-13 同档齐分

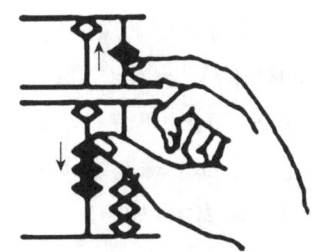
图 3-14 邻档齐分

第三,齐上(上、下珠同时上拨)。

同档齐上(同档上珠离梁,下珠靠梁)应在中指拨上珠离梁的同时,用拇指拨同档下珠靠梁,如"5 555-1 234、666-432、77-43、8-4"等,见图3-15。

邻档齐上(左档下珠靠梁,右档上珠离梁)应在拇指拨左档下珠靠梁的同时,用中指拨右档上珠离梁,如"5+5、5+15、5+25、5+35"等,见图3-16。

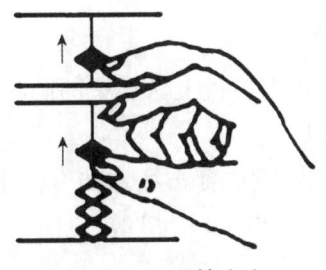
图 3-15 同档齐上

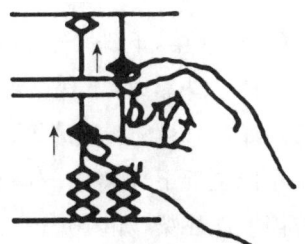
图 3-16 邻档齐上

第四，齐下（上珠靠梁，部分下珠离梁）。

同档齐下（同档上珠靠梁，部分下珠离梁）应在中指拨上珠靠梁的同时，用拇指拨同档部分下珠离梁，如"2＋4、33＋43、444＋432"等，见图3-17。

邻档齐下（左档部分下珠离梁，右档上珠靠梁）应在拇指拨左档部分下珠离梁的同时，用中指拨右档上珠靠梁，如"20－5、30－15、40－15、40－25"等，见图3-18。

图3-17 同档齐下　　　　图3-18 邻档齐下

（2）食指和中指联拨。

第一，齐分（上珠与全部下珠同时离梁）。

同档齐分（同档上珠与全部下珠离梁）应在食指拨全部下珠离梁的同时，用中指拨同档上珠离梁，如"9－9、8－8、7－7、6－6"等，见图3-19。

邻档齐分（左档全部下珠与右档上珠同时离梁）应在食指拨左档全部下珠离梁的同时，用中指拨右档上珠离梁，如"15－15、25－25、35－35、45－45"等，见图3-20。

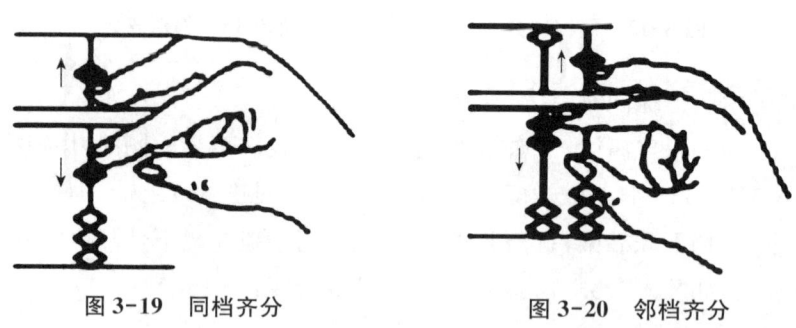

图3-19 同档齐分　　　　图3-20 邻档齐分

第二，齐下（上珠靠梁，下珠全部离梁）。

同档齐下（同档上珠靠梁，下珠全部离梁）应在中指拨上珠靠梁的同时，用食指拨同档全部下珠离梁，如"1 234＋4 321"等，见图3-21。

邻档齐下（左档全部下珠离梁，右档上珠靠梁）应在食指拨左档全部下珠离梁的同时，用中指拨右档上珠靠梁，如"10－5、20－15、30－25、40－35"等，见图3-22。

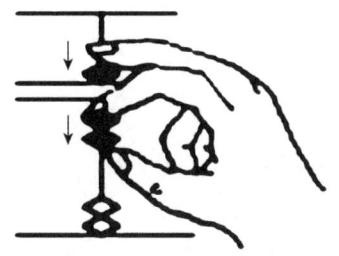
图 3-21 同档齐下

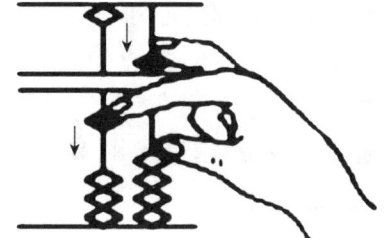
图 3-22 邻档齐下

（3）拇指和食指联拨。

第一，扭进（左档下珠靠梁，右档下珠离梁）应在拇指拨左档下珠靠梁的同时，用食指拨右档下珠离梁，如"4＋6、3＋7、2＋8、1＋9"等，见图 3-23。

第二，扭退（左档下珠离梁，右档下珠靠梁）应在食指拨左档下珠离梁的同时，用拇指拨右档下珠靠梁，如"10－6、10－7、10－8、10－9"等，见图 3-24。

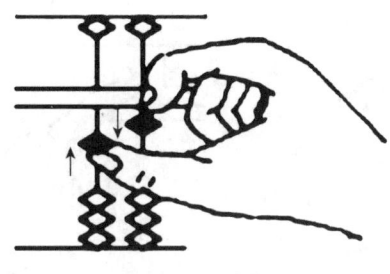
图 3-23 扭进

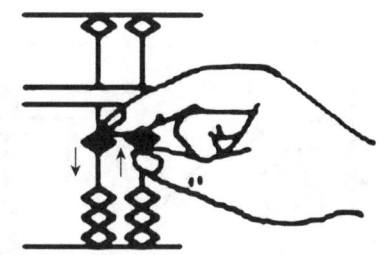
图 3-24 扭退

3. 三指联拨

三指联拨难度最大，动作协调性最强，要求用拇指、食指、中指同时拨珠，共同完成比较复杂的拨珠动作。

第一，三指进位（左档下珠靠梁，右档上下珠同时离梁）应在拇指拨左档下珠靠梁的同时，用中指、食指拨右档上、下珠离梁（齐分），如"9＋1、8＋2、7＋3、6＋4"等，见图 3-25。

第二，三指退位（左档下珠离梁，右档上、下珠同时靠梁）应在食指拨左档下珠离梁的同时，用拇指、中指拨右档上下珠靠梁（齐合），如"10－1、10－2、10－3、10－4"等，见图 3-26。

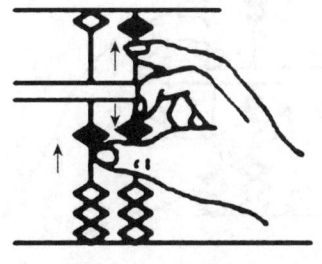
图 3-25 三指进位

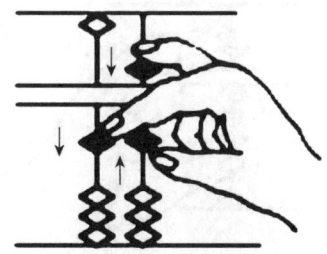
图 3-26 三指退位

（二）两指拨珠法（适用于小算盘）

两指拨珠法是指用拇指与食指拨珠，其余三指屈向掌心。

1. 手指分工

（1）拇指拨下珠靠梁，见图3-27，兼拨部分下珠离梁，见图3-28。

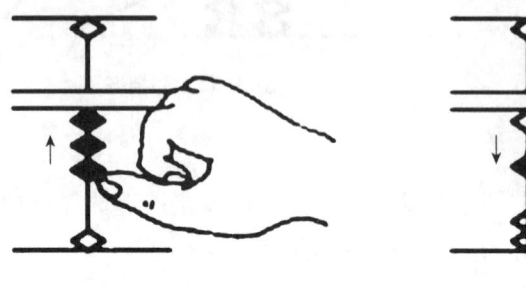

图3-27　拇指分工(1)　　　　　图3-28　拇指分工(2)

（2）食指拨下珠离梁，见图3-29；上珠靠梁、离梁见图3-30和图3-31。

图3-29　食指分工(1)　　　图3-30　食指分工(2)　　　图3-31　食指分工(3)

2. 两指联拨

（1）齐合（上下珠同时靠梁）。

本档齐合应在拇指拨下珠靠梁的同时，用食指拨同档上珠靠梁，如"0+6、0+7、0+8、0+9"等，见图3-32。

邻档齐合应在拇指拨左档下珠靠梁的同时，用食指拨右档上珠靠梁，如空盘拨入"15、25、35、45"等，见图3-33。

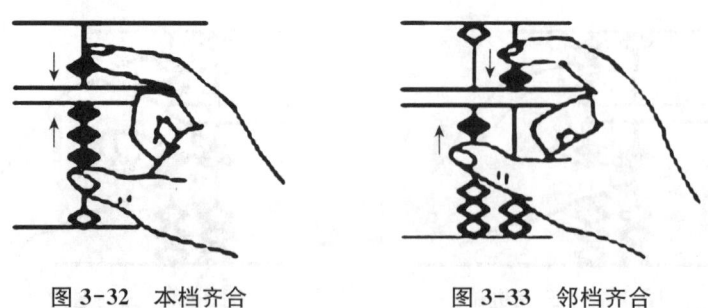

图3-32　本档齐合　　　　图3-33　邻档齐合

(2) 齐分(上、下珠同时离梁)。

同档齐分应在拇指拨下珠离梁的同时,用食指拨同档上珠离梁,如"9 876－9 876、9 999－9 876"等,见图 3-34。

邻档齐分应在拇指拨左档下珠离梁的同时,用食指拨右档上珠离梁,如"15－15、35－35、45－25、45－45"等,见图 3-35。

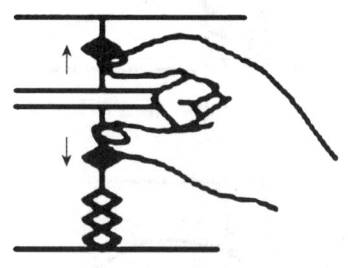 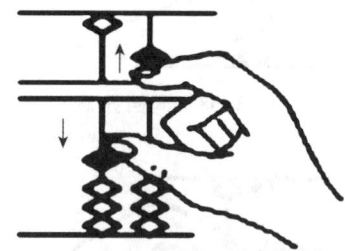

图 3-34　同档齐分　　　　　　　　图 3-35　邻档齐分

(3) 齐上(下珠靠梁,同时上珠离梁)。

同档齐上应在拇指拨下珠靠梁的同时,用食指拨同档上珠离梁,如"5 555－1 234、666－234、77－34、8－4"等,见图 3-36。

邻档齐上应在拇指拨左档下珠靠梁的同时,用食指拨右档上珠离梁,如"5＋5、5＋15、5＋25、5＋35"等,见图 3-37。

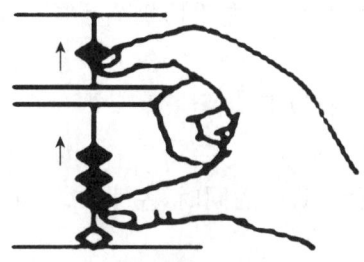 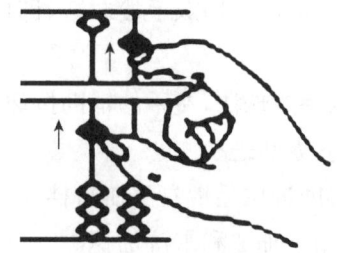

图 3-36　同档齐上　　　　　　　　图 3-37　邻档齐上

(4) 齐下(上珠靠梁,同时下珠离梁)。

同档齐下应在食指拨上珠靠梁的同时,用拇指拨同档下珠离梁,如"4＋1、4＋2、4＋3、4＋4"等,见图 3-38。

邻档齐下应在拇指拨左档下珠离梁的同时,用食指拨右档上珠靠梁,如"10－5、20－15、30－25、40－35"等,见图 3-39。

(5) 扭进法(左档下珠靠梁,右档下珠同时离梁)应在拇指拨左档下珠靠梁的同时,用食指拨右档下珠离梁,如"1＋9、2＋8、3＋7、4＋6"等,见图 3-40。

(6) 扭退法(左档下珠离梁,右档下珠同时靠梁)应在食指拨左档下珠离梁的同时,用拇指拨右档下珠靠梁，如"10－9、10－8、10－7、10－6"等，见图3-41。

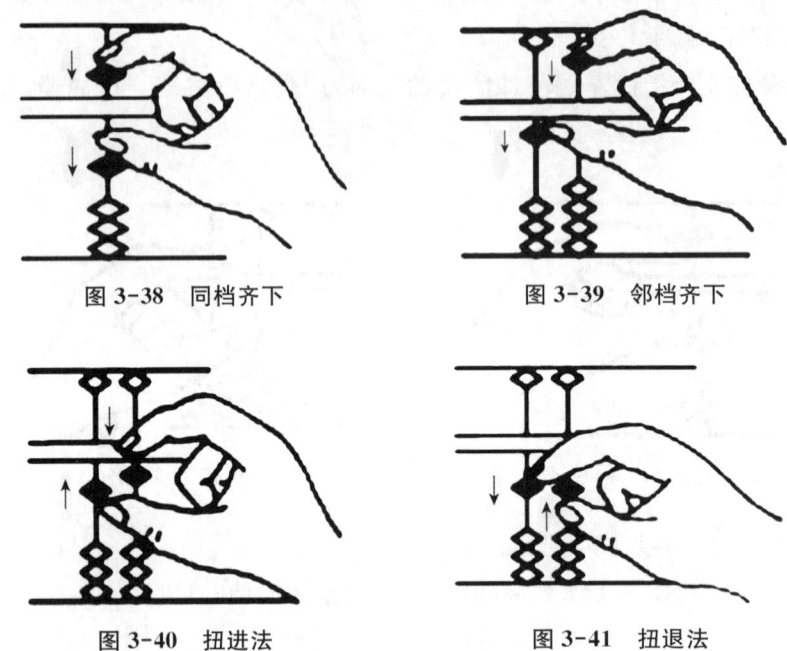

图3-38　同档齐下　　　　　图3-39　邻档齐下

图3-40　扭进法　　　　　图3-41　扭退法

（三）双手拨珠法

为了进一步加快珠算拨珠速度，提高计算效率，在熟练掌握三指拨珠法或两指拨珠法的基础上，可以运用双手拨珠法，即以右手拨珠为主，左手协助右手同时完成某一拨珠动作。

采用双手拨珠法，左手的辅助拨珠动作主要有以下几种情况。

1. 左手协助进位

左手协助进位是指右手在右档完成某一拨珠动作的同时，左手在左档完成进位动作，主要适用于加法和乘法加积。

（1）左手单指拨珠，如"3＋9"，右手食指在右档上拨一颗下珠离梁，同时用左手拇指在左档上拨一颗下珠靠梁，见图3-42；再如"8＋4"，右手在右档上用中指、拇指分别拨上、下珠离梁（齐分），同时左手在左档上用拇指拨一颗下珠靠梁，见图3-43。

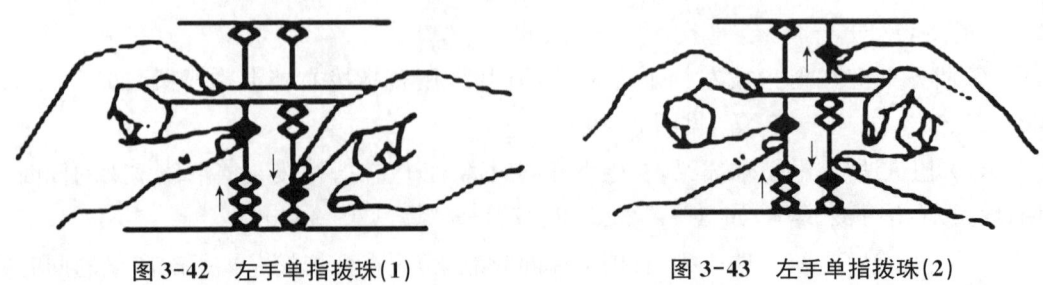

图3-42　左手单指拨珠(1)　　　　　图3-43　左手单指拨珠(2)

（2）左手两指联拨，如"46+4"，右手在右档上用中指、食指分别拨上、下珠离梁（齐分），同时左手在左档上用中指拨一颗上珠靠梁、食指四颗下珠离梁（齐下），见图3-44；再如"45+7"，右手在右档上用中指拨上珠离梁、用拇指拨下珠靠梁（齐上），同时左手在左档上用中指拨一颗上珠靠梁、食指拨四颗下珠离梁（齐下），见图3-45。

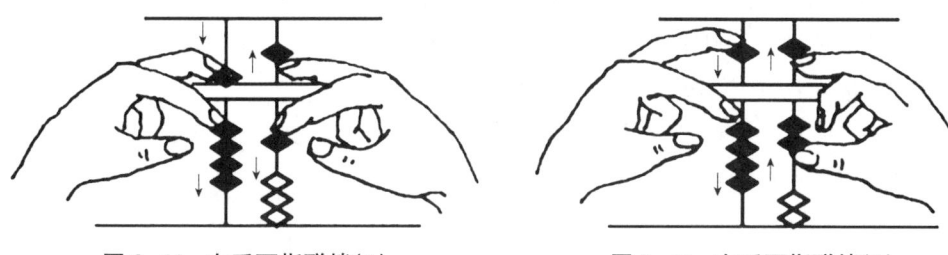

图3-44　左手两指联拨(1)　　　　图3-45　左手两指联拨(2)

2. 左手协助退位

左手协助退位是指右手在右档完成某一拨珠动作的同时，左手在左档完成退位动作，主要适用于减法和除法减积。

（1）左手单指拨珠，如"30-8"，左手食指在左档上拨一颗下珠离梁，同时右手拇指在右档上拨二颗下珠靠梁，见图3-46；再如"30-4"，左手食指在左档上拨一颗下珠离梁的同时，右手拇、中指在右档上分别拨一颗上、下珠靠梁（齐合）见图3-47。

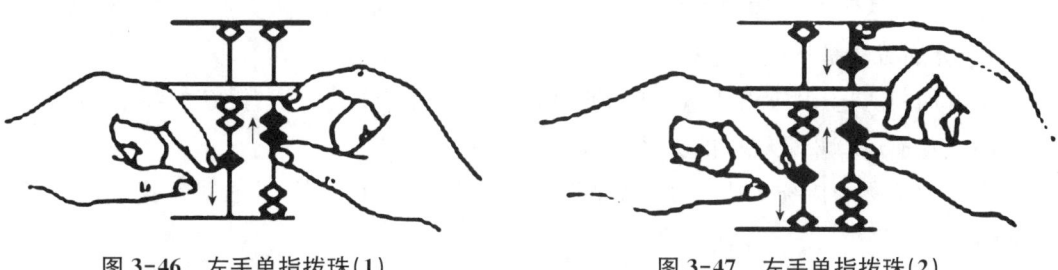

图3-46　左手单指拨珠(1)　　　　图3-47　左手单指拨珠(2)

（2）左手两指联拨。如"50-6"，左手在左档上用中指拨上珠离梁、拇指拨四颗下珠靠梁（齐上），同时右手在右档上用拇指拨四颗下珠靠梁，图3-48；再如53-6，左手在左档上用中指拨一颗上珠离梁、拇指拨四颗下珠靠梁（齐上），同时右手在右档上用中指拨上珠靠梁、用拇指拨一颗下珠离梁（齐下），见图3-49。

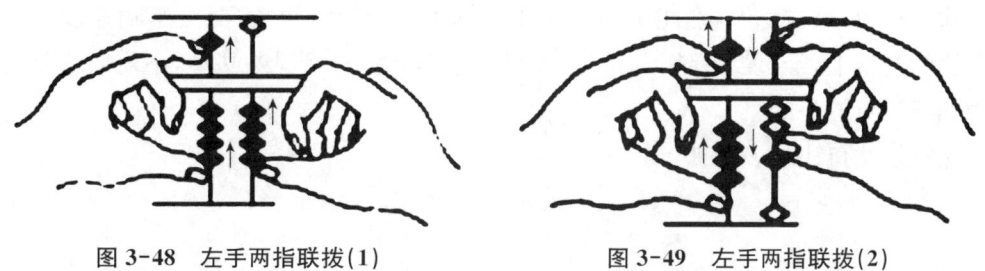

图3-48　左手两指联拨(1)　　　　图3-49　左手两指联拨(2)

3. 左手协助其他运算

在乘法运算中,左手拨因数,右手加积;在除法运算中,左手置商,右手减积;在开方运算中,左手加根,右手减幂等。

上述三指拨珠法适用于大、中型算盘,如使用小算盘,左右两手可采用两指拨珠法。两指拨珠法中左右两手的具体分工是:左手,可用拇指与无名指、小指握算盘左段,用食指(拨下珠靠梁或离梁)、中指(拨上珠靠梁或离梁)拨珠;右手,可用拇指(拨下珠靠梁或离梁)、食指(拨上珠靠梁、离梁或拨下珠离梁)拨珠。

珠算拨珠法易学难精,但只要反复练习、灵活掌握,便能准确、快速、高效地完成各项计算拨珠动作。

任务三 珠算加减法

一、珠算加减法概述

加减法是珠算最基本、用途最广的运算,也是整个珠算技术的基础,其他运算最终都得转化为加减运算才能完成。据统计,我们日常经济工作中遇到的计算,80%以上是加减运算。

珠算加减法与笔算加减法在运算顺序方面有明显的区别:珠算加减法是从高位起算,而笔算加减法是从低位起算。

珠算加减法运用"五升十进"制的原理,具有"加中有减、减中有加"的特点,充分体现了加减互逆运算辨证统一的关系。

练习加减法的传统方法有"七盘清""九盘清"和"打百子"等,主要训练指法、速度和准确性。

二、珠算口诀

珠算口诀是我国古代劳动人民在使用算盘过程中总结出来的,用于指导拨珠,对初学者有很大帮助。在使用珠算达到熟练程度之后,口诀作用逐渐下降,因此在学习珠算时,需要在理解的基础上逐步脱离口诀。

珠算口诀,重在练习,熟能生巧。如在运算中先念口诀再拨珠,会影响速度。只有在理解的基础上,经过反复练习,形成"条件反射",才能达到见数拨珠,不需口诀就能快速而准确运算的目的。

珠算加法口诀见表3-1。

表 3-1 珠算加法口诀表

直接加法	指法	下五加法	指法	进十加法	指法	去五进十加法	指法
一上一	上推	一下五去四	双下	一去九进一	双分		
二上二	上推	二下五去三	双下	二去八进一	双分		
三上三	上推	三下五去二	双下	三去七进一	双分		
四上四	上推	四下五去一	双下	四去六进一	双分		
五上五	下拨			五去五进一	双上		
六上六	双合			六去四进一	扭进	六上一去五进一	双上
七上七	双合			七去三进一	扭进	七上二去五进一	双上
八上八	双合			八去二进一	扭进	八上三去五进一	双上
九上九	双合			九去一进一	扭进	九上四去五进一	双上

注解：上表中口诀的第一个数字，是要加的数，后面的"上""下""去""进"是拨珠动作。"上"是加上，是用指拨珠靠梁的动作；"去"是减去，和"上"相反，是拨珠离梁的动作；"下"是专指拨上珠靠梁的动作，用于加法计算时和数达到 5 以上但不满 10 的情况；"进"是和数达到 10 以上时在本位档的左边邻档上拨一颗下珠靠梁。

珠算减法口诀见表 3-2。

表 3-2 珠算减法口诀表

不进位加减法				进位减法			
直接减法	指法	破五减法	指法	直接退十减法	指法	借(退)十补五减法	指法
一去一	下拨	一上四去五	双上	一退一还九	双合		
二去二	下拨	二上三去五	双上	二退一还八	双合		
三去三	下拨	三上二去五	双上	三退一还七	双合		
四去四	下拨	四上一去五	双上	四退一还六	双合		
五去五	上拨			五退一还五	双下		
六去六	双分			六退一还四	扭退	六退一还五去一	双下
七去七	双分			七退一还三	扭退	七退一还五去二	双下
八去八	双分			八退一还二	扭退	八退一还五去三	双下
九去九	双分			九退一还一	扭退	九退一还五去四	双下

注解：上表中口诀中的第一个数字，是要减去的数，后面的"上""去""退""还"是拨珠动作。"上""去"和加法口诀表中的含义相同；"退"是表示从前一档减去 1，相当于本档减去 10；"还"是表示从前档借 10 减去本档要减的数后，在本档加上 10 与本档要减的数的差。

三、加减法基本功练习

(一) 直加、直减类型

此类比较简单,不涉及进位、退位的问题,运算时,只要按照加数、减数直接向梁、框拨动算珠即可。

练习:

3 231+1 066=   4 412+5 073=   7 206−1 204=
3 451+1 032=   7 315+2 684=   4 609−2 103=

(二) 满5、破5类型

满5的加:当下珠不够加,需要上珠配合时。

破5的减:当下珠不够减,需上珠配合时。

练习:

1 241+5 435=   2 634+3 124=   2 315+34 244=
7 782−3 241=   8 186−4 043=   27 486−13 243=

(三) 进位、退位类型

进位加:两数相加,本位满10时减去补数,在左边邻档加1。补数即和本位数相加等于10的数。

退位减:两数相减,本位不够减的,从左边邻档减去1,同时在本档加上所减数的补数。

练习:

52 410−52 403=   52 410+47 599=

(四) 破5满10的加、退10满5的减类型

(1) 破5满10的加:指两个5以上、10以下的个位数相加,具体情形见表3-3。

表 3-3 破5满10的加

5+6	5+7	5+8	5+9	6+6
6+7	6+8	7+6	7+7	8+6

(2) 退10满5的减:指两数相减,本档数小于5且不够减,需退10,在本档加上补数后本档数在5以上,具体情形见表3-4。

表 3-4 破退10满5的减

10−1	10−2	10−3	10−4	11−2
11−3	11−4	11−6	12−3	12−4
12−6	12−7	13−4	13−6	13−7
13−8	14−6	14−7	14−8	14−9

练习：

536＋786＋628＋5 675＋9 768＝　　　　3 321－543＋234－549＋814＋230＝

四、基本方法练习

在珠算过程中，应灵活运用基本方法，尤如在笔算时灵活运用运算规则一样，能达到速算的效果。珠算的速算除了可以用笔算的速算技巧外，还可以与脑算（即心算）结合，进一步提高运算速度和准确率。

提高珠算运算速度的基本方法有穿梭法、借减法、一目三行法等。

（一）穿梭法

穿梭法是在多笔加减运算时，计算顺序先从首位到末位，再从末位到首位，依此顺序循环进行计算，直到运算结束。

在多笔运算中，如每次都按照从左到右的顺序，则每做一次运算都要花费一定时间看数，而且还要再从左到右做下一笔运算。这种运算顺序不仅会浪费时间，在运算时还容易错档。使用穿梭法可以避免以上缺点，其运算顺序交错，可节省看数时间，提高运算速度和准确性。

学生在珠算方法比较熟练、运算水平比较高的情况下可以使用穿梭法，以提高运算速度。

例：　84 625.37 →
　　　　320.68 ←
　　　　2 579.53 →
　　　　63 935.15

结果：151 460.73

例：　353.82 →
　　　　7 806.34 ←
　　　　83.65 →
　　　　－1 682.32 ←
　　　　605.28

计算结果：7 166.77

（二）借减法

借减法也称倒减法，是遇到小数减大数，即不够减时的算法。在笔算遇到小数减大数时将大数减去小数，然后在差前面加上负号，但珠算可不必如此。珠算遇到小数减大数时可以用往前一位，甚至可以往前任意位虚借数的方法，只要注意算出最后结果前归还即可。

例：284.37－612.69＋461.13

运算步骤如下：

(1) 将被减数284.37拨入盘中,不够减612.69,从千位虚借1,这样被减数成了1 284.37,见图3-50。

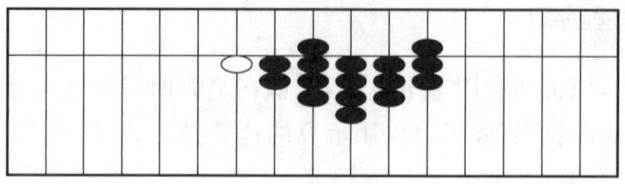

图3-50 借减法(1)

(2) 减去减数612.69,得671.68,见图3-51。

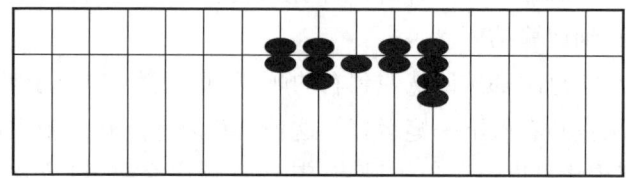

图3-51 借减法(2)

(3) 加上461.13,及时归还虚借的1 000,得132.81,见图3-52。

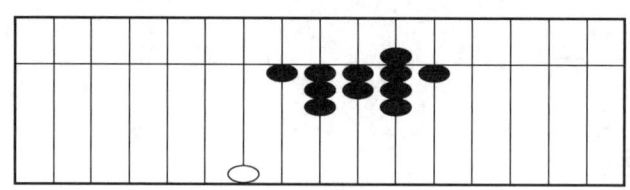

图3-52 借减法(3)

计算结果:132.81。

例:37－52

运算步骤如下:

第一,十位档不够减,在百位档虚借100;

第二,以137减去52,得85;

第三,没能还上需借的100,确定计算结果为－15(85－100)。

(三) 一目三行法

在练习珠算时,一般采用一次看一、二行数据,然后起算,可称为一目二行法。在此基础上,如果增加所看的数据行数,用心算法求出三行数同位上的数字,然后拨在相应档位上,即一目三行法。一目三行运算有"直接加减法""正负抵销法""弃九弃十法"等。

学习一目三行法,要注意经常练习三个一位数码之和,熟悉求和结果和规律,在此基础上进行练习。

1. 正负抵销法

例：　　　　354.36
　　　　　　－72.97
　　　　　　　　9.44
　　　　　　2 063.47
　　　　　　－141.68
　　　　　　－1 815.79

运算步骤如下：

(1) 从高位算起，前三行百位上只有第一行有数，第二、三行百位上无数字，视为0，所以本档为3，对应拨入算盘，见图3-53。

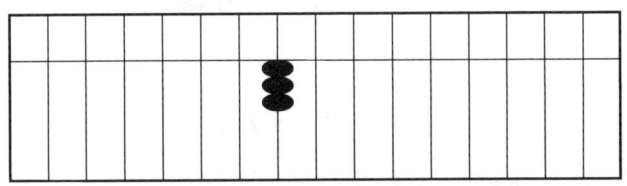

图 3-53　正负抵销法(1)

(2) 前三行十位上三个数字正负抵销后为－2，不够减，从前档退1后补8，见图3-54。

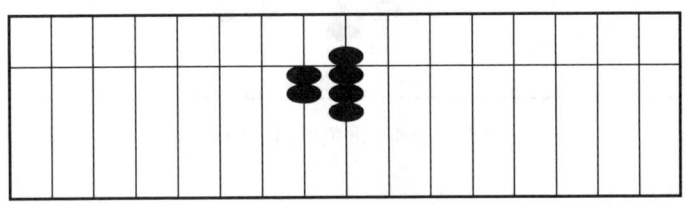

图 3-54　正负抵销法(2)

(3) 前三行个位上三个数正负抵销后为11，对应拨入盘中，见图3-55。

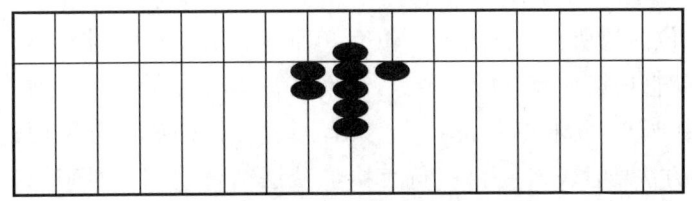

图 3-55　正点抵销法(3)

(4) 前三行十分位上三个数正负抵销后为－2，不够减，从前档退1后得8，对应拨入盘中,见图 3-56。

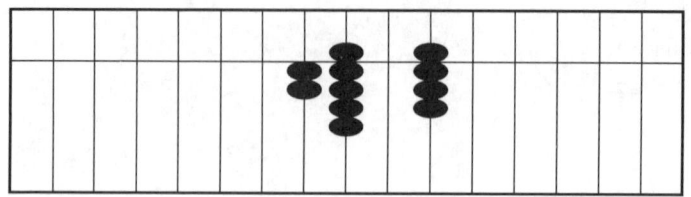

图 3-56　正负抵销法(4)

(5) 前三行百分位上三个数相抵销后为 3,对应拨入算盘,见图 3-57。

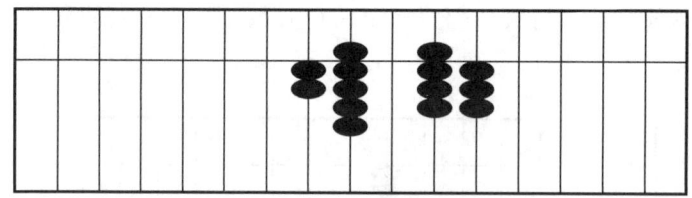

图 3-57　正负抵销法(5)

(6) 用同样的方法,将第四、五、六这三行抵销后,分别在千位、百位,对应入档,见图 3-58。

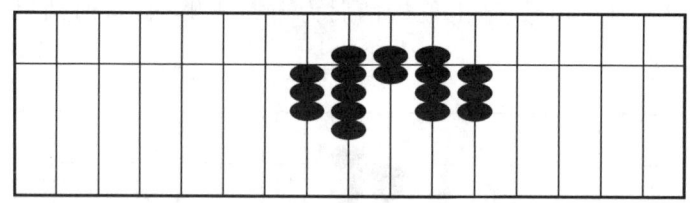

图 3-58　正负抵销法(6)

计算结果:396.83。

2. 一目三行弃九法

这种方法适用于三行纯加计算。运算时从高位起算,用心算求出三行同位数之和拨珠入盘,当首次遇到三行同位数之和达 9("满 9")以上时,就在前档进 1,并从首位满 9 的数位起至末位前的所有中间各位逐位弃 9,而末位弃 10。若中间各行数位上对应三数之和超过 9,就直接拨加弃 9 后的余数,若不足 9 就从前位借 10 拨加补数。

具体运算中要注意分析数据的特点,只有经过分析确认适合采用这种方法后才使用。另外,这种方法要注意和一目三行直接加减法结合使用。对于同一道连加连减的计算题,直接加减法和弃 9 法的难易程度正好相反,因此,两种方法结合使用,能降低难度,同时提高运算速度。

例： 7 364 618
         8 602
       153 843

这三行数最高的两位适合直接加减法，第 3 至 6 位数数值较高，适合弃九法，最后一位数适合直接加减法。

运算步骤如下：

(1) 将三行数最前二数位加减后拨入对应档位，见图 3-59。

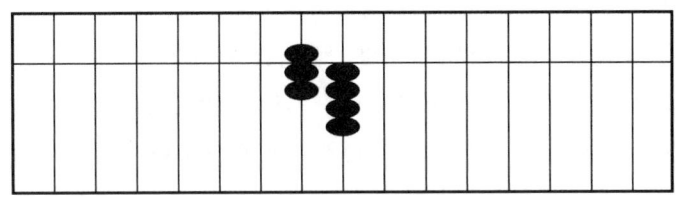

图 3-59　一目三行弃九法(1)

(2) 在第 2 位数上加 1，同时将第 3 至 6 位数各位对应的和数弃 9 后拨入相应档位。结果见图 3-60。

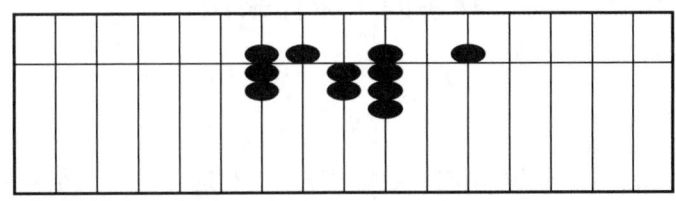

图 3-60　一目三行弃九法(2)

(3) 将最后两位数三行合计后拨入对应档中，最后答案见图 3-61。

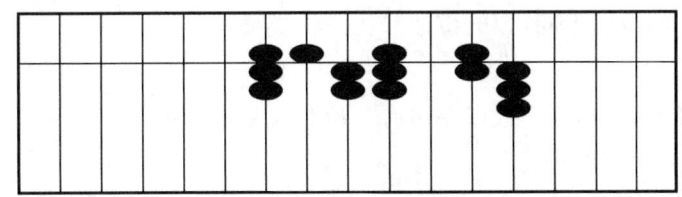

图 3-61　一目三行弃九法(3)

计算结果：7 527 063。

在熟练掌握一目三行法的基础上，可以增加同时参与计算的行次，过渡到一目四行、五行甚至更多的行次，这些一目更多行次的方法统称为一目多行法，其具体方法和一目三行法类似，只是对心算的要求更高。

3. 加减法趣味打法

(1) 1加到36。从1起加2加3…,加至36,得666。

(2) 打百子。在盘上拨1,然后依次加2、3、4…100,即在算盘上求从1到100这一百个数的和,得5 050;然后再从5 050中减1减2减3…,直至减100,得0。

(3) 三盘成。先拨上1、2、3…9,然后从左起看这档是什么数字即是珠打珠,连加三盘,最后再加9,要求在15秒内加完。

(4) 七盘成。先在盘上拨123 456 789,然后逐次再加七次123 456 789,最后加9,得987 654 321,此后连减8次123 456 789,再减9,即完成清盘。

(5) 九盘清。先在盘上拨123 456 789,照此数连加9次123 456 789,最后加9,即成为1 234 567 890,此后连减9次123 456 789,恰好恢复为始拨数。

(6) 三孔桥。用76 767 672连续减7次9 595 959,得数为9 595 959,在算盘上的形式好像三孔桥。

(7) 梅花三朵。用273 627 362 736连续减6次17 101 710 171得17 101 710 171,在算盘上的形式好像三朵梅花。

任务四 珠算乘法

一、数的位数

珠算强调"凡算之法,先识其位",说明珠算定位在运算中起到很重要的作用。珠算因在算盘上没有固定的个位,又是以空档表示"0",容易因定错位而前功尽弃。"算盘好打位难定",珠算乘除定位的知识和技能相对珠算加减而言更是至关重要。

在珠算加减运算时,按位入档即可,但珠算乘除运算涉及错位加减运算,需随时认清一定的位数,故定位法一般指的是珠算的乘除定位方法。

根据小数点的位置不同,数的位数分为三种类型。

1. 正位数

凡是整数带小数的数,小数点左边有几位数就是正几位,如1 886.27,小数点左边有四位数,是正四位,可用"+4"表示。

2. 零位数

凡是纯小数,小数点左边的数为零,同时小数点右边第一位数不是零的数,称为零位数,可用"0"表示,如0.12,小数点左边的数为零,右边为非零的数1,所以0.12为零位数。

3. 负位数

凡是纯小数,小数点左边的数为零,同时小数点右边第一位数是零的数,称为负位数。小数点和右边第一位不是零的数之间有几个零,就是负几位,如0.00876是负二位,可用"－2"表示；0.000158是负三位，可用"－3"表示。

二、乘法的公式定位方法

乘法的定位是根据两因数的位数和乘积的首位判断乘积的个数位。一般算盘上都是每三个数位有一个标记的，在乘除法时基本不用去判断个位，直接进行运算，得出乘积后根据公式定位法，用心算可快速、准确地确定乘积的位数。因此，公式定位法方便实用、应用范围广，是必须掌握的方法。

乘法的公式定位方法是两个乘数的实位相加，如果得出来的乘积首位数要比两个乘数的首位数要大就要减一位，反之则不用减。如果设被乘数的位数为M，乘数的位数为N，当积数首数未进位时比两因数的首数大，这时确定积数位数的公式为"M＋N－1"；积数首数进位时比两因数的首数小，这时确定积数位数的公式为"M＋N"。

例如：1 953 125×512

在算盘上计算结果有效数字是1，不大于两个乘数的首位有效数字，所以确定积数位数为7＋3＝10，积数为10 000 000 000。

三、乘法口诀

乘法有大九九和小九九两种口诀。小九九口诀有36句，大九九口诀有81句。因为小九九口诀中2的乘法只有2句，而大九九口诀中2的乘法口诀是9句，3的口诀也是9句，所以就是九九八十一句。

大九九口诀表是将1～9数字分别乘以1～9数字应得的积数，按从小到大的顺序排列而成，见表3-5。

表3-5 大九九乘法口诀表

乘数＼被乘数	一	二	三	四	五	六	七	八	九
一	一一01	一二02	一三03	一四04	一五05	一六06	一七07	一八08	一九09
二	二一02	二二04	二三06	二四08	二五10	二六12	二七14	二八16	二九18
三	三一03	三二06	三三09	三四12	三五15	三六18	三七21	三八24	三九27
四	四一04	四二08	四三12	四四16	四五20	四六24	四七28	四八32	四九36
五	五一05	五二10	五三15	五四20	五五25	五六30	五七35	五八40	五九45
六	六一06	六二12	六三18	六四24	六五30	六六36	六七42	六八48	六九54
七	七一07	七二14	七三21	七四28	七五35	七六42	七七49	七八56	七九63
八	八一08	八二16	八三24	八四32	八五40	八六48	八七56	八八64	八九72
九	九一09	九二18	九三27	九四36	九五45	九六54	九七63	九八72	九九81

大九九口诀完全能适应各种乘法,在计算时也不需颠倒乘数和被乘数的位置,便于乘法的珠算。

在大九九乘法口诀表中,前两个中文数字分别表示乘数和被乘数,后两个阿拉伯数字表示积的十位数和个位数,乘积是一位数的,在其前面加一个"0",补成两位数,这样可保持位数一致,避免运算中加错档次。

四、空盘前乘法

珠算乘法有多种类型,如空盘前乘法、空盘后乘法、破头乘法、留头乘法、隔位乘法等,本书主要介绍空盘前乘法。

在珠算乘法中,空盘前乘法是最广泛使用的快速乘法之一。由于它无须在算盘上布数,只需用眼看或心记账册、单据上的数字,将两数的乘积依次拨入盘内,求出答数。由于空盘乘法节省了布数的步骤和时间,运算速度快、效率高,所以应用比较广泛。但空盘前乘法也有其缺点,例如当被乘数、乘数的数字或乘积中含 0 较多时对定位的要求较高,比较容易出错。

空盘前乘法是在五珠算盘出现之后改进原有珠算乘法的基础上产生的新方法。实践表明,空盘前乘法实用价值高。空盘是指被乘数、乘数都不拨入算盘,直接从被乘数首位同乘数首位开始乘。前乘是指按从左至右的顺序计算,这样将各部分积直接在盘上相加的运算就是空盘前乘法。在空盘前乘法熟练后,运算顺序可以根据需要灵活掌握,以提高运算效率,这时的空盘前乘法实际上成了"空盘法",不过习惯上仍称为空盘前乘法。

空盘前乘法乘积的定位宜用公式定位法。

(一) 一位数乘法

一位数乘法是指乘数一位数的乘法。空盘前乘法的一位乘法也叫"单积一口清",是珠算乘、除法的基础。

单积一口清是一种能够一次直接读出一位数乘以多位数之积的速算方法,它是根据数字之间的内在联系总结出来的一套特殊的运算规律,即提前进位,本位积加进位积,也简称"本个加后进"。

1. 不用单积一口清时算法

例:364×8

运算步骤如下:

(1) 确定运算顺序:从高位起算,念口诀"八三 24",同时拨珠上档,盘上算珠为 24,见图 3-62。

(2) 念口诀"八六 48",同时拨珠上档,盘上算珠为 288,见图 3-63。

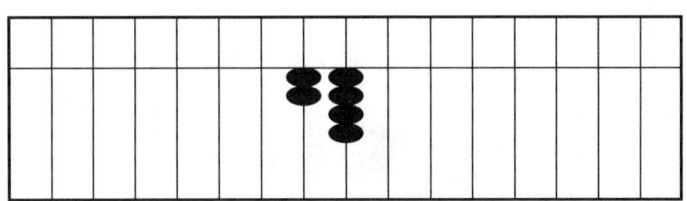

图 3-62 一位数乘法(1)

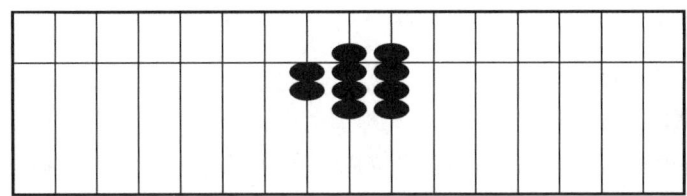

图 3-63 一位数乘法(2)

(3) 念口诀"八四 32",同时拨珠上档,见图 3-64。

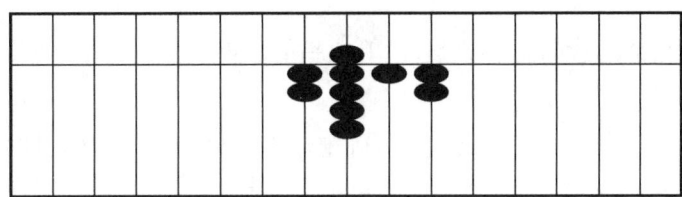

图 3-64 一位数乘法(3)

计算结果:2 912。

(4) 根据定位公式,确定计算后答案为 2 912。

2. 用"单积一口清"时算法

例:63 745×9

运算步骤如下:

(1) 拨本位积上档:47 365(心算),见图 3-65。

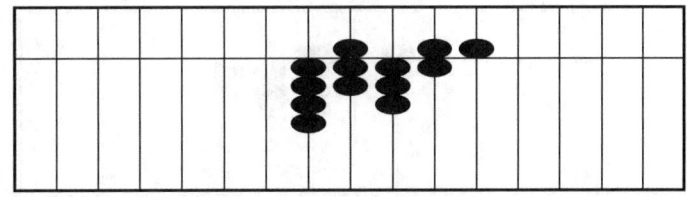

图 3-65 "单积一口清"算法(1)

(2) 加后进积 52 634 入档,见图 3-66。

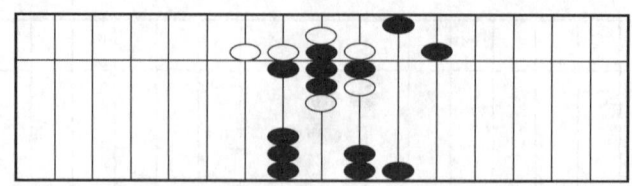

图 3-66 "单积一口清"算法(2)

计算结果：573 705。

学习一口清可先易后难：一般先练乘 2、5、3、4、9，再练 6、8、7。先练乘数的进位律，然后练相加；先口念，后写积。

(二) 多位乘法

多位乘法是指被乘数和乘数均是两位以上的乘法，是多个一位乘法的组合。多位数乘法的基础是单积一口清和多位数加减法。

多位数空盘前乘法的顺序是被乘数从首位至末位，依次与乘数的首位至末位相乘，逐步累加，直至乘完所有位数为止。

例：0.6924×6.8

先确定乘数和被乘数的有效数字，把上式当成 $6\,924 \times 68$。

运算步骤如下：

(1) 计算 $6\,924 \times 60$，可用单积一口清确定计算结果为 415 440，见图 3-67。

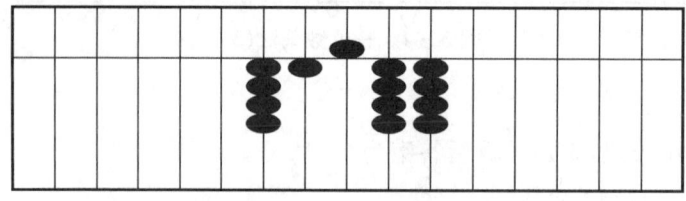

图 3-67 多位乘法(1)

(2) 计算 $6\,924 \times 8$，用单积一口清确定计算结果为 55 392，把这个数加到 415 440 上，见图 3-68。

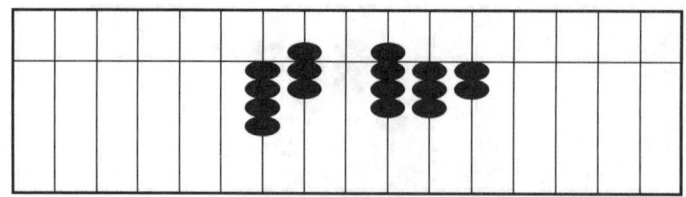

图 3-68 多位乘法(2)

(3) 观察错位相加后的结果，得出答案 470 832。

(4) 用公式定位法确定 0.6924×6.8 的计算结果是 4.70832。

任务五 | 珠算除法

一、除法的公式定位方法

珠算除法的定位是珠算乘法定位的逆运算。对于珠算除法,公式定位法也是必须掌握的。

假设被除数位数为 M,除数位数为 N。当被除数首位或头几位大于除数的相应数(即够除)时,商的位数等于"M－N＋1";反之,当被除数首位或头几位小于除数的相应数时,商的位数等于"M－N"。

例:0.0912÷63

定位步骤如下:

被除数是－1 位,除数是＋2 位;被除数首位是 9,除数首位是 6,商的位数是－1－2＋1＝－2。

例:8 654÷8 657

定位步骤如下:

被除数是＋4,除数是＋4 位;被除数头几位是 8 654,除数头几位是 8 657,商的位数应该是＋4－(＋4)＝0。

二、商除法

商除法(分隔位除和不隔位除)的计算方法和除法笔算基本相同,具有简便易学的特点,被大多数人所采用。试商和笔算一样用乘法口诀推算,只是在减积时,珠算是从高位起减。商除法有估商不易准确的缺点,商估小可以补,估高时的处理则比较难以理解。

商除法按置商位置的不同,分为隔位商除法和不隔位商除法两种。现代珠算提倡用隔位商除法。下文重点讲述隔位商除法。

(一) 商除法的一般步骤

商除法的步骤为:拨被除数→估商→置商→减积→定位,在每置商一次后循环进行,直至求得准确的商。

置商位置依据口诀"本位够除隔档上商,本位不够除挨档上商"进行。

(二) 一位商除法

例:78÷4

计算步骤如下:

(1) 拨被除数上档,见图 3-69。

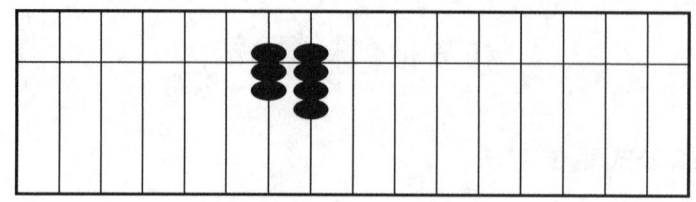

图 3-69　一位商除法(1)

(2) 估商。被除数首位大于除数,故够除隔位上商。将被除数首位 7 除以 4,估商 1,见图 3-70。

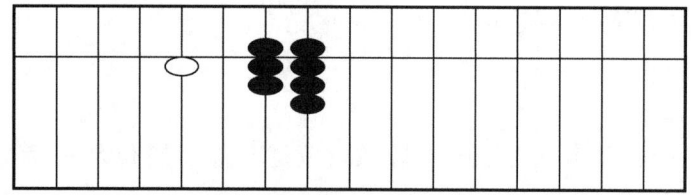

图 3-70　一位商除法(2)

(3) 置商。够除隔位置商,在被除数左边隔一位上商 1,再从被除数首位起减乘积"一四 04",得首位商 1,余数为 38,见图 3-71。

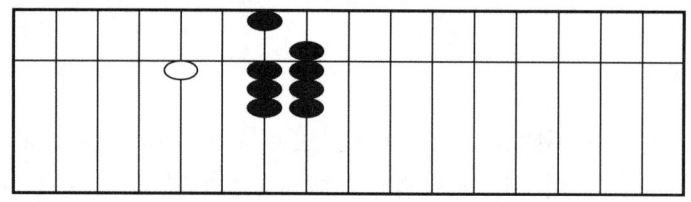

图 3-71　一位商除法(3)

(4) 余数首位 3 小于除数 4,不够除,将余数前两位 38 除以除数 4,够除,估商 9,见图 3-72。

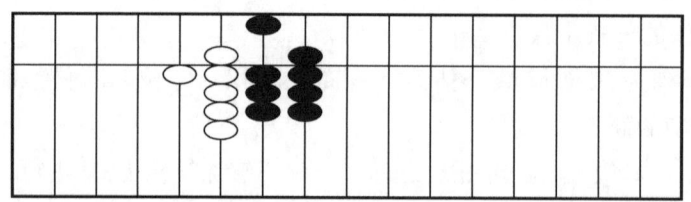

图 3-72　一位商除法(4)

(5) 置商。本位不够除,在余数 38 左边挨档上商 9,然后减乘积"九四 36",够除,余数为 2,见图 3-73。

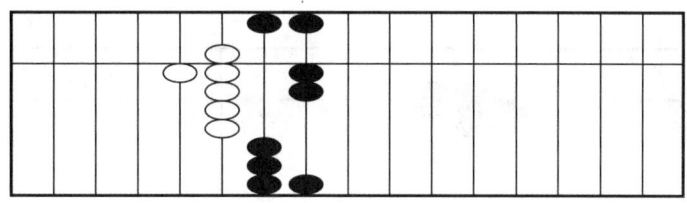

图 3-73　一位商除法(5)

(6) 余数 2 小于除数 4,不够除,将余数前两位 20 除以除数 4,够除,估商 5,见图 3-74。

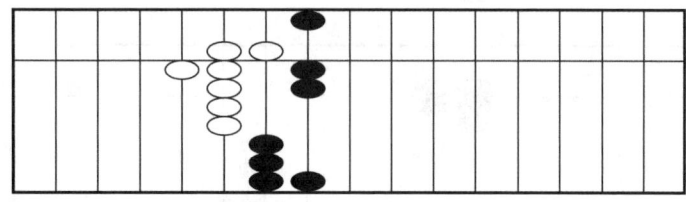

图 3-74　一位商除法(6)

(7) 本位不够除,在余数 20 左边挨档上商 5,然后减乘积"五四 20",正好除尽,见图 3-75。

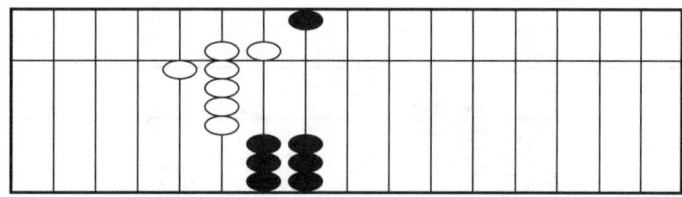

图 3-75　一位商除法(7)

(8) 根据定位公式,商的位数是 2,得到计算结果:19.5。

例:17.6÷0.009

计算步骤如下:

(1) 拨被除数上档,见图 3-76。

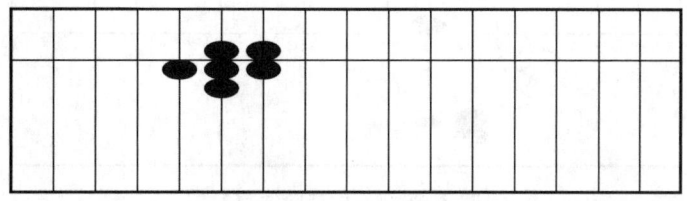

图 3-76　一位商除法(8)

（2）估商。被除数首位小于除数,故不够除挨位商。将被除数前两位17除以9,估商1,见图3-77。

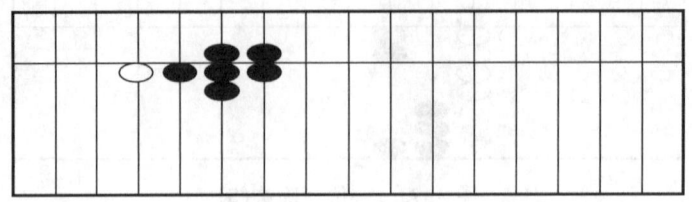

图3-77 一位商除法(9)

（3）置商。不够除挨位置商,在被除数左边上商1,然后从被除数前两位减乘积"一九09",得首位商1,余数为86,见图3-78。

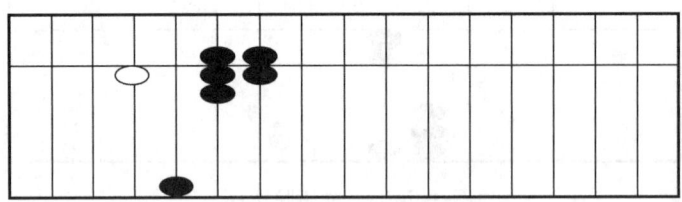

图3-78 一位商除法(10)

（4）余数首位8小于除数9,不够除,故不够除挨档置商。将被除数前两位86除以9,估商9,见图3-79。

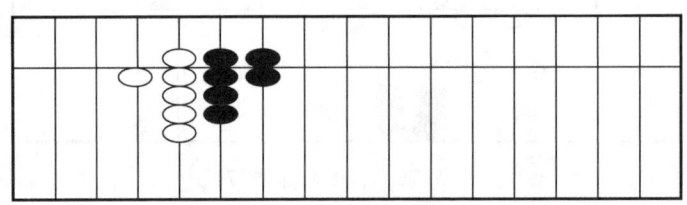

图3-79 一位商除法(11)

（5）置商。本位不够除,在余数86左边挨档上商9,然后减乘积"九九81",够除,余数为5,见图3-80。

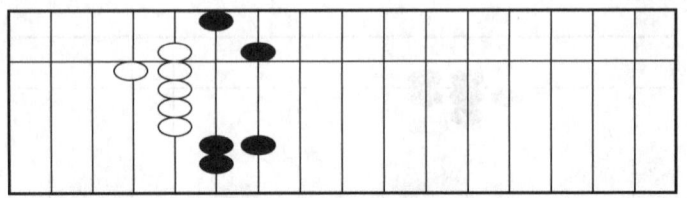

图3-80 一位商除法(12)

(6) 余数 5 小于除数 9，不够除，将余数前两位 50 除以除数 9，估商 5，见图 3-81。

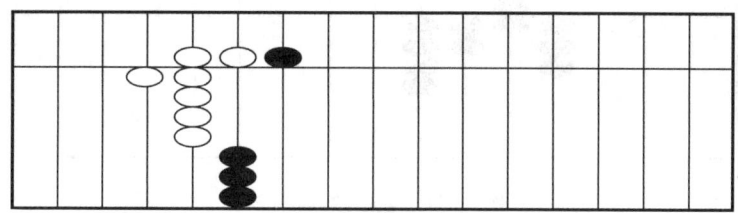

图 3-81　一位商除法(13)

(7) 置商。本位不够除，在余数 5 左边挨档上商 5，然后减乘积"九五 45"，余 5，可以发现后面是循环商数 5，见图 3-82。

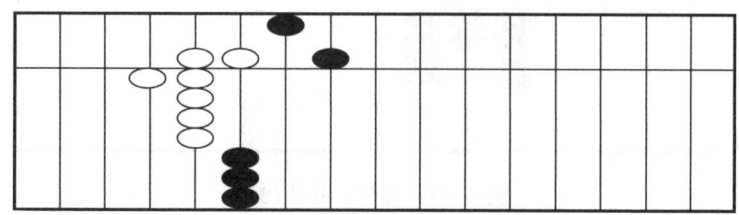

图 3-82　一位商除法(14)

(8) 根据定位公式，商的位数应该是 2－(－2)＝4，计算结果为：1 955.56。

(三) 多位数除法

多位数除法是指除数有效数字为两位或两位以上的除法。珠算多位数除法运算步骤与一位商除法相同，只是在减积时，用估计的商乘多位除数，增加了运算的难度。

例：3 624÷32

计算步骤如下：

(1) 拨被除数 3 624 上档，见图 3-83。

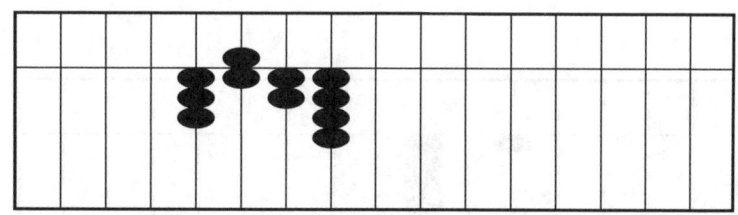

图 3-83　多位数除法(1)

(2) 估商。被除数首位大于除数，故够除置隔位商。将被除数前两位 36 除以 32，估商 1，见图 3-84。

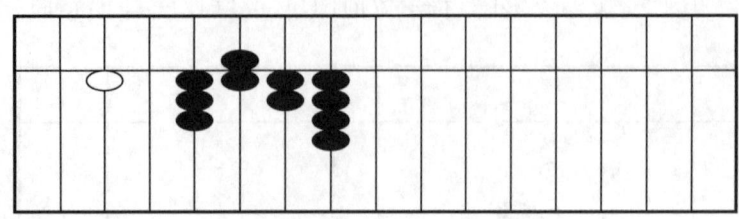

图 3-84　多位数除法(2)

(3) 置商。够除隔位置商,在被除数左边隔位上商1,然后从被除数前两位减乘积"一三03,一二02",得首位商1,余数为424,见图3-85。

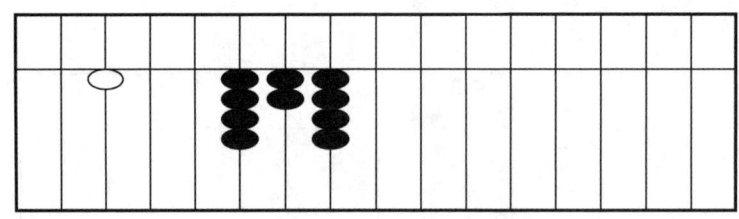

图 3-85　多位数除法(3)

(4) 余数首位4大于除数首位3,将余数42除以除数32,够除,估商1,见图3-86。

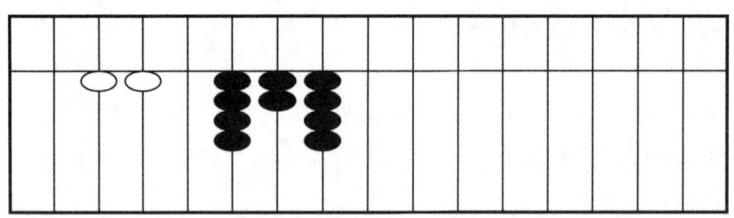

图 3-86　多位数除法(4)

(5) 置商。在余数424左边隔档上商1,然后减乘积"一三03,一二02",余数为104,见图3-87。

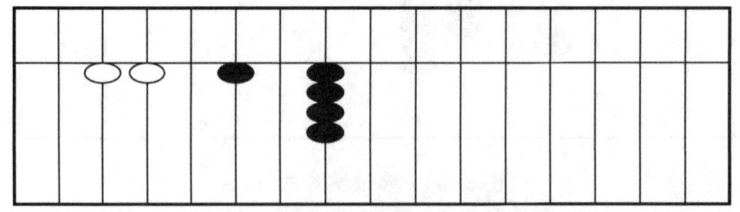

图 3-87　多位数除法(5)

(6) 余数10小于除数32,不够除,将余数104除以除数32,估商3,见图3-88。

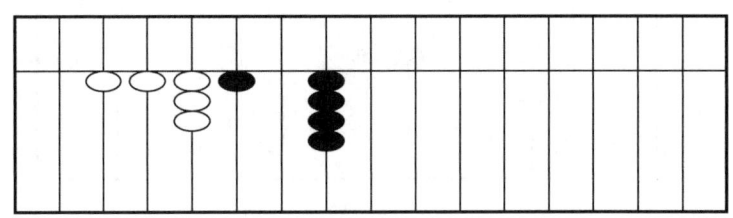

图 3-88　多位数除法(6)

(7) 置商。本位不够除,在余数 104 左边挨档上商 3,然后减乘积"三三 09,三二 06",余 8,见图 3-89。

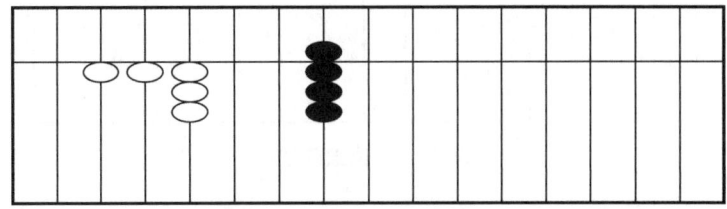

图 3-89　多位数除法(7)

(8) 余数首位 8 大 3,将 80 除 32,够除,估商 2,见图 3-90。

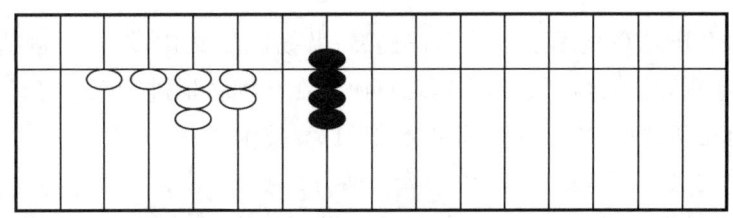

图 3-90　多位数除法(8)

(9) 置商。在余数 80 左边隔档上商 2,然后减乘积"二三 06,二二 04",余 16,见图 3-91。

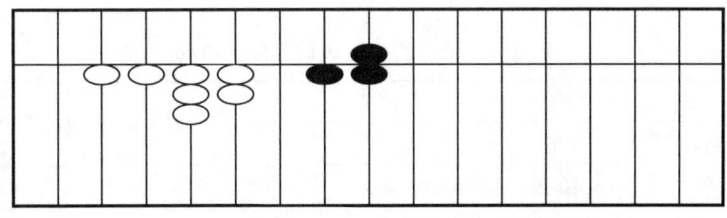

图 3-91　多位数除法(9)

(10) 余数 16 小于除数 32,不够除,将余数 160 除以除数 32,估商 5,见图 3-92。

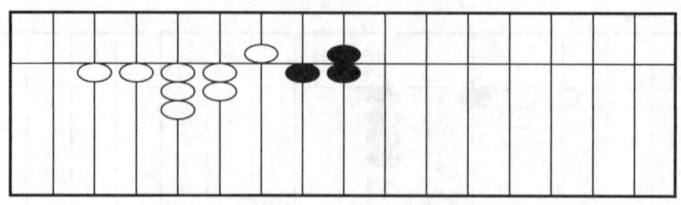

图 3-92 多位数除法(10)

（11）置商。在余数 160 左边挨档上商 5，然后减乘积"五三 15，五二 10"，余 0，见图 3-93。

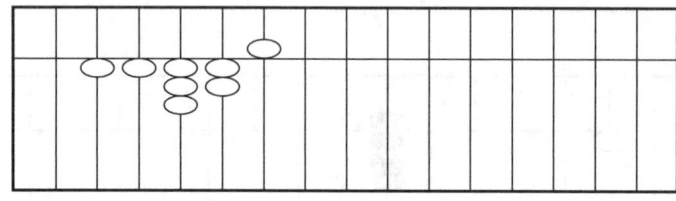

图 3-93 多位数除法(11)

（12）用定位公式可判断，商的位数为 3，计算结果为：113.25。

任务六　珠算等级鉴定考试

为了促进我国珠算技术水平的迅速提高，弘扬民族文化，培养大量精于计算的人才，加强企业管理，提高经济效益，中国珠算协会在全国各地进行珠算等级鉴定的测试，对达到规定标准等级的，由中国珠算协会颁发珠算技术证书。

中国珠算协会等级考试内容有：珠算普通等级鉴定、珠算能手级鉴定、珠心算等级鉴定、珠心算段位鉴定等。中国珠算协会分别设立珠算史、学术研究、珠心算教育、三算（笔算、珠算、心算）教学、鉴定比赛和师资培训等五个专业委员会，分别承担有关理论研究与学术交流活动的组织推动工作。

珠算普通五级核定标准情况及全国珠算技术等级鉴定模拟题（普通五级）见表 3-6 和表 3-7。

表 3-6　珠算普通五级核定标准情况

加法运算题	6 道	共须对 8 道以上
加减混合运算题	4 道	
乘法题	10 道（须对 8 道以上）	
除法题	10 道（须对 8 道以上）	
考试时间	20 分钟	
注：考两篇卷子，共 40 分钟，合格一篇即通过。乘除算保留两位小数，以下四舍五入		

表3-7 全国珠算技术等级鉴定模拟题(普通五级)

一	二	三	四	五	六	七	八	九	十
3 069	481	537	8 097	9 157	3 947	703	234	9 025	1 273
578	562	864	−659	−512	628	1 638	−512	−752	−419
142	7 039	1 209	431	206	105	954	846	846	706
671	614	892	805	−930	571	582	903	903	980
895	453	341	−1 082	891	8 096	3 097	281	281	7 095
2 083	2 097	6 095	927	5 384	432	461	−3 068	501	462
3 806	302	153	213	239	509	6 105	−194	−194	−6 037
927	9 146	9 423	9 874	−647	6 283	248	237	237	−582
154	875	708	−347	845	761	379	4 089	4 089	831
438	914	230	−3 272	741	8 054	894	−6 354	−6 354	−2 358
7 065	328	4 981	506	3 025	967	207	516	516	724
219	5 706	675	351	−768	312	3 156	859	859	280
731	3 940	248	−964	605	574	679	−781	−781	6 147
604	165	3 510	6 258	−9 042	206	4 085	1 432	1 432	653
8 952	287	976	409	489	9 813	123	670	670	−194

乘算		除算	
一	4 206×61=	一	1 302÷42=
二	0.568×0.315=	二	10 404÷36=
三	931×63=	三	36.557÷80.7=
四	317×974=	四	6 324÷93=
五	94×7 052=	五	6 527÷61=
六	725×49=	六	14 688÷408=
七	36×278=	七	2 652÷52=
八	401×54=	八	24 354÷27=
九	0.27×0.602=	九	1 022÷14=
十	59×813=	十	35.388÷65.9=

知识拓展

算盘仍有"用武之地"

2012年2月2日晚,中央电视台《新闻联播》栏目播出"新春走基层:冰河观测者的一天"报道如下。

眼下我国北方的大部分河流都处在冰冻时期,水文工作者每天要在室外采集江河的水文信息,这也是一年中工作最艰苦的阶段。近日,本台走基层记者就来到松花江畔的一处水文站,记录了水文工作者一天的工作。下岱吉水文站位于吉林省与黑龙江省的交界处,今天的作业任务是观测水流的速度。这个项目每月要进行3到4次,每次都需要先在江面上打出十多个冰洞,之后才能放入仪器进行测量。虽然气温接近零下20 ℃,但是站员牛国斌已经是满头大汗,由于气温太低,只是一会儿的功夫冰孔就会重新封冻,所以布置仪器进行测量是一场与时间赛跑的测验。我们看到测量站员手上拿着"上一下五"的白色小算盘和记录簿,在计算后及时记录,并对记者说:"气温低,计算器冻了,使不了,只好用算盘。"另一位站员对记者补充介绍说:"计算机、电脑都有,这个现场啥都用不了,只能用算盘。你看他不单单用算盘,戴手套都不行,写起来光手算。"由此可见,在气温恶劣的环境下,算盘仍大有用武之地。

(资料来源:世界珠心算网)

课 后 任 务

一、目的
加强学生珠算运算能力,熟练掌握珠算四则运算技能。

二、要求及任务
1. 珠算加法练习

1 246+2 752=	7 902+1 085=	1 976+7 013=
7 632+2 365=	6 234+3 765=	6 578+5 786=
7 867+9 678=	6 789+8 765=	57 658+24 893=
35 675+68 769=	46 294+51 618=	72 843+16 757=
365.79+24.03=	1 024.33+789.46=	77.09+4 533.58=
897.28+441.51=	8 209.60+693.11=	2 774.37+769.29=
900.30+576.37=	6 930.74+938.88=	6 301.92+199.08=
869+904+6 517+756=	741+5 409+830+427=	
9 243+634+4 162+721=	4 937+604+5 923+361=	
375+4 986+532+2 034=	681+7 810+897+4 762=	

2. 珠算加减综合练习

要求：完成表3-8中的账表算（熟练后可分别用穿梭法、一目三行法等方法）。

表3-8 账表算资料

序号	一	二	三	四	五	合 计
1	384 258	4 338	8 342	4 215	77 425	
2	694	601 647	27 527	8 308	−5 768	
3	45 305	521	6 674	321 495	864	
4	793	7 304	250	−864	29 567	
5	3 728	743	382	36 463	213	
6	274	987	3 543	−342	−6 645	
7	504	8 305	674	3 586	394	
8	74 347	293	582	385	691 765	
9	924	6 580	261	584 763	926	
10	8 392	674	725	−2 508	896	
11	695	24 342	4 256	−890	5 703	
12	906 793	678	398	6 405	−386	
13	324	2 912	63 426	29 923	846 792	
14	2 436	301 431	2 894	−402	214	
15	1 786	768	365 606	624	−8 203	
合计						

3. 乘法练习

8 654×32＝   7 638×45＝   59×874＝

2 352×68＝   4 583×62＝   37×728＝

1 960×53＝   9 182×34＝   56×912＝

529×3 147＝   8 505×86＝   2 546×382＝

638×1 245＝   2.169×206＝   736×348＝

0.954×2＝   130.94×9＝   0.318×3.75＝

0.835×0.07＝   78×0.603＝   0.65×34.89＝

4. 趣味乘法练习

123 456 789×9＝   123 456 789×18＝

123 456 789×27＝   123 456 789×36＝

555 555×95＝   55 555 555×95＝

555 555×957＝   55 555 555×957＝

7 715 625×16＝   102.68×125＝

33 950 625×16＝   493 817 284×25＝

106 981 875×16＝   7 518 797×133＝

5. 除法练习

5 676÷8=	7 224÷0.3=	16 812÷36=
37 468÷38=	21 183÷69=	156 208÷52=
19 018÷514=	38 480÷962=	146 832÷304=
16 307÷709=	50 460÷841=	400 407÷829=
20 590÷710=	31 185÷495=	399 168÷924=
42 354÷543=	28 350÷945=	163 305÷573=
20 590÷710=	31 185÷495=	399 168÷924=
42 354÷543=	28 350÷945=	163 305÷573=
63 784÷952=	61 425÷675=	15 328÷958=
1.1573÷0.63=	5.4434÷0.81=	2.1688÷7.09=
0.536 8÷3.49=	0.0917÷0.27=	3.6147÷0.62=
4.8798÷0.96=	1.1695÷4.68=	0.9071÷1.39=

项目四　票据结算技能

学习目标

1. 知识目标
- 了解支付结算的种类
- 掌握各种票据的使用范围与特点

2. 能力目标
- 熟悉票据填写要求
- 熟悉票据签发程序
- 熟练签发各种结算票据

 案例导入

上诉人王某与被上诉人张某因票据追索权纠纷一案不服广东省某法院民事判决，向二审法院提起上诉。基本案情如下：王某开具一张某银行支票给A公司的洪某，该支票出票时未填写收款人，票面金额为30 000元，兑现期为2019年9月25日。因洪某与陈某存在生意往来，遂于2019年7月12日把该支票转让给陈某，事后陈某在支票上补记收款人为B公司，将支票转交给张某。后张某凭支票到银行兑现，被银行以账户余额不足为由退票，张某据此于2019年10月11日向原审法院提起诉讼，请求王某支付欠款30 000元及案件准备材料费用500元（在庭审中撤回对案件准备材料费用的请求），诉讼费用由王某承担。

在该支票纠纷中，该支票出票时未填写收款人，是否符合票据填写要求？票据追索权是否合法有效？

任务一　票据填写要求

企事业单位使用现金如果超过规定的限额，都要通过银行转账结算。支付结算是

指单位、个人在社会经济活动中使用票据、信用卡和汇兑、托收承付、委托收款等结算方式进行货币给付及其资金清算的行为。中国人民银行颁布的《支付结算办法》所称的票据,是指银行汇票、商业汇票、银行本票和支票。

银行、单位和个人填写的各种票据和结算凭证是办理支付结算和现金收付的重要依据,直接关系到支付结算的准确、及时和安全。票据和结算凭证是银行、单位和个人凭以记载账务的会计凭证,是记载经济业务和明确经济责任的一种书面证明。因此,填写票据和结算凭证,必须标准化、规范化,做到要素齐全、数字正确、字迹清晰、不错漏、不潦草,禁止涂改,具体要求如下。

(1) 中文大写金额数字应用正楷或行书填写,如壹、贰、叁、肆、伍、陆、柒、捌、玖、拾、佰、仟、万、亿、元、角、分、零、整(正)等字样。不得使用一、二(两)、三、四、五、六、七、八、九、十、念、毛、另(或0)填写,不得自造简化字。如果金额数字书写中使用繁体字,如貳、陸、億、萬的,也应受理。

(2) 中文大写金额数字到"元"为止的,在"元"之后,应写"整"(或"正")字,在"角"之后可以不写"整"(或"正")字。大写金额数字有"分"的,"分"后面不写"整"(或"正")字。

(3) 中文大写金额数字前应标明"人民币"字样,大写金额数字有"分"的,"分"后面不写"整"(或"正")字。

(4) 中文大写金额数字前应标明"人民币"字样,大写金额数字应紧接"人民币"字样填写,不得留有空白。大写金额数字前未印"人民币"字样的,应加填"人民币"三字。在票据和结算凭证大写金额栏内不得预印固定的"仟、佰、拾、万、仟、佰、拾、元、角、分"字样。

(5) 阿拉伯小写金额数字中有"0"时,中文大写应按照汉语语言规律、金额数字构成和禁止涂改的要求进行书写(具体要求详见项目二)。

(6) 阿拉伯小写金额数字最高位前面,均应填写人民币符号"¥"。阿拉伯小写金额数字要认真填写,不得连写。

(7) 票据的出票日期必须使用中文大写。为防止变造票据的出票日期,在填写月、日时,月为壹、贰和壹拾的,日为壹至玖和壹拾、贰拾和叁拾的,应在其前加"零";日为拾壹至拾玖的,应在其前加"壹"。如1月15日,应写成零壹月壹拾伍日;10月20日,应写成零壹拾月零贰拾日。

(8) 票据出票日期使用小写填写的,银行不予受理。大写日期未按要求规范填写的,银行可予受理,但因此造成损失的,由出票人自行承担。

任务二 送存现金的处理方式

现金解款单,见图4-1,又称为现金缴款单或现金送款单,适用于企业客户,具有法律效力。

中国农业银行 AGRICULTURAL BANK OF CHINA　　现金解款单

年　月　日　　　　传票号：

客户填写部分	收款人户名			
	收款人账号		收款人开户行	
	缴　款　人		款项来源	
	币　种（√）	人民币☑ / 外币：		万 千 百 十 元 角 分

券别	100元	50元	20元	10元	5元	2元	1元				辅币（金额）
张数											

银行电脑打印部分	日期： 金额：	日志号： 终端号：	交易码： 主　管：	币种： 柜员：
	温馨提示：本部分内容只能由电脑打印，不能手工填写，请客户留意。			

制票：　　　　复核：

图 4-1　现金解款单

一般情况下，企事业单位对当天收入的现金或超过库存限额的现金，应及时送存开户银行。送存现金一般包括以下程序。

（1）整点票币。送款前应将送存款清点整理，按币别、币种分开。纸币要平铺整齐，每 100 张为一把，用纸条在腰中捆扎好，余为零头按顺序从大额到小额摆放；硬币每 100 枚或 50 枚为一卷，10 卷为一捆，不足一卷为零头，最后合计出需要存款的金额。

（2）填写现金解款单。现金解款单为一式两联或一式三联，第一联一般都为回单联，由银行盖章后退回存款单位。出纳填写解款单时，要用双面复写纸填写。交款日期必须填写交款的当日，收款人名称应填写全称，款项来源也要如实填写，大小写金额要按标准书写，券别和数额栏按实际送存的各种券面的张数或券枚数填写。

（3）向银行提交现金解款单和清点好的票币。票币要一次性交清，当面清点，如有差异，应当面复核。

（4）开户银行受理后，在现金解款单上加盖“现金收讫”和银行印鉴后退回交款人一联，表示款项已收妥。

（5）根据银行退回盖有“现金收讫”和银行印鉴的一联现金解款单，编制记账凭证。

（6）根据记账凭证登记现金日记账。

任务三　支票结算方式

支票是由出票人签发的、委托办理支票存款业务的银行或其他金融机构,在见票时无条件支付确定的金额给收款人或者持票人的票据。

一、支票的种类

《支付结算办法》规定的支票有三类:①现金支票,指票据正面印有"现金"字样、只能用来支取现金的支票;②转账支票,指票据正面印有"转账"字样、只能用来转账的支票;③普通支票,指票据上未印有"现金"或"转账"字样、既可用来支取现金也可用来转账的支票。普通支票正面左上角划两条平行线的,则为划线支票。划线支票只能用于转账,不得支取现金。普通支票格式见图4-2。

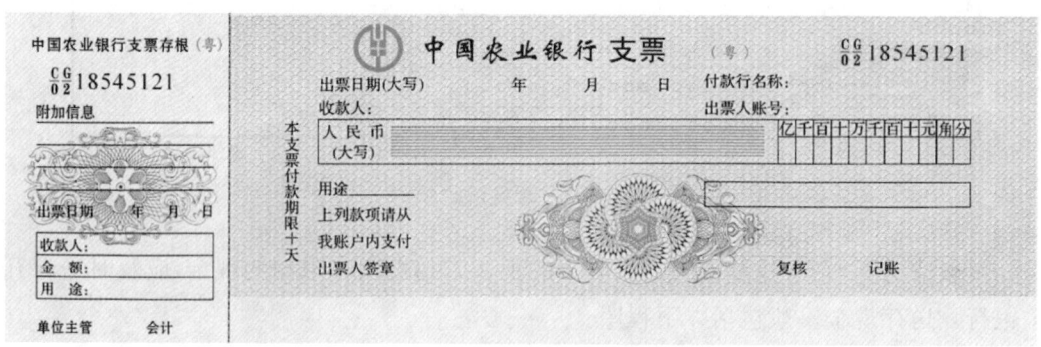

图4-2　支票正面图样

二、支票的签发

支票的签发有着严格的规范和程序。

(一) 支票记载事项

(1) 表明"支票"的字样。

(2) 无条件支付的委托。

(3) 确定的金额。

(4) 付款人名称。

(5) 出票日期。

(6) 出票人签章。

支票上未记载前款规定事项之一的,支票无效。支票上的金额可以由出票人授权补记,未补记前的支票,不得使用。支票上未记载收款人名称的,经出票人授权,可以补记。支票上未记载付款地的,付款人的营业场所为付款地。支票上未记载出票地的,出票人的营业场所、住所或者经常居住地为出票地。出票人可以在支票上记载自己为收款人。

(二) 支票签发注意事项

(1) 出票日期必需大写,使用小写填写的,银行不予受理。

(2) 收款人根据经济业务不同,可分为以下几种情况。

第一,现金支票收款人可写为本单位名称,此时现金支票背面"被背书人"栏内加盖本单位的银行预留印鉴,之后收款人可凭现金支票直接到开户银行提取现金。

第二,现金支票收款人可写为收款人个人姓名,此时现金支票背面不盖任何章,收款人在现金支票背面填上身份证号码和发证机关名称,凭身份证和现金支票签字领款。

第三,转账支票收款人应填写为对方单位名称(全称),此时转账支票背面本单位不盖章。收款单位取得转账支票后,在支票背面被背书栏内加盖收款单位的银行预留印鉴,填写好银行进账单后连同该支票交给收款单位的开户银行委托银行收款。

(3) 付款行名称、出票人账号:签发支票单位的开户银行名称及银行账号,账号小写。

(4) 人民币大写:必须按金额大写的要求填写。

(5) 人民币小写:最高金额的前一位空白格用"￥"字头打掉,必须按金额小写的要求填写。

(6) 用途:现金支票有一定限制,根据经济业务性质可填写"备用金""差旅费""工资""劳务费"等;转账支票根据经济业务性质可填写如"货款""代理费"等。

(7) 盖章:支票正面加盖银行预留印鉴,印泥为红色,印章必须清晰,如印章模糊,须将支票作废,重新填写并盖章。

签发的支票见图 4-3。

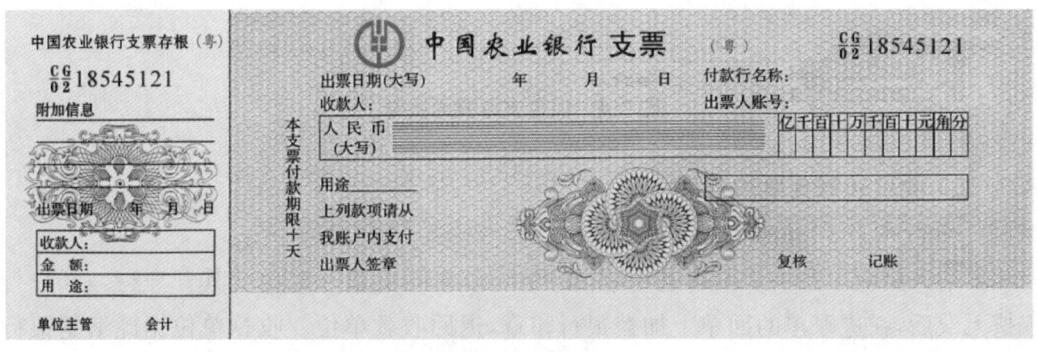

图 4-3 签发的支票

三、支票的审查

收款人在接受付款人交来的支票时,应注意审核以下内容。

(1) 支票收款人或被背书人是否确为本收款人。

(2) 支票签发日期是否正确,是否在付款期内。

(3) 大小写金额是否一致。

(4) 背书转让的支票其背书是否连续,有无"不准转让"字样。

(5) 大小写金额、签发日期和收款人名称有无更改。

(6) 其他内容更改后是否加盖印鉴证明。

(7) 签发人盖章是否齐全等。

四、收到支票的处理

收款人收到支票后即可去银行支取资金。

(一) 收到现金支票的处理

收款人收到现金支票、到银行支取现金时,必须在支票背面背书(收款人如为个人,不需在支票背面盖章),并按照银行的要求交验证件,填写支票背面相关项目,见图4-4。

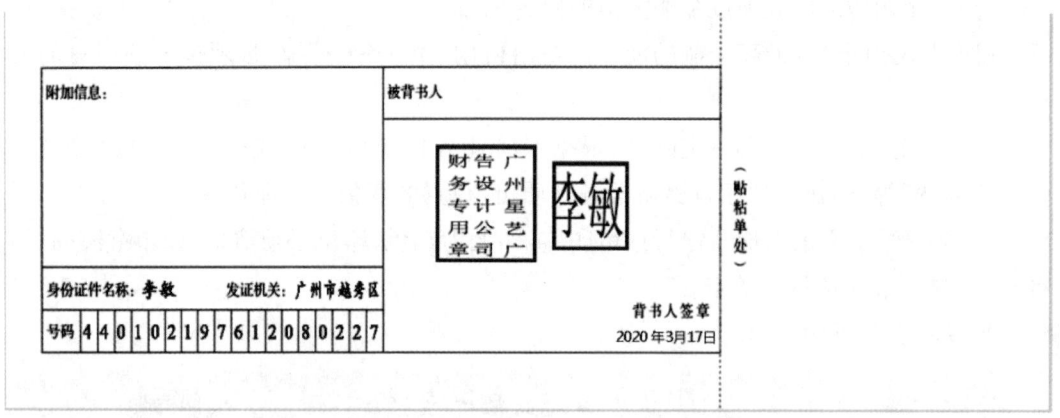

图4-4 现金支票背面图样

(二) 收到转账支票的处理

1. 收款人收到转账支票

出纳人员应填制一式两联进账单,见图4-5,连同支票一并送交其开户行。开户行审核无误后,在进账单的回单上加盖银行印章,退回收款单位。收款单位据此编制银行存款收款凭证。

中国银行 进 账 单（收账通知）

年 月 日

№ 29006175

出票人	全 称		收款人	全 称	
	账 号			账 号	
	开户银行			开户银行	
金额	人民币（大写）				千 百 十 万 千 百 十 元 角 分
票据种类		票据张数			
票据号码					
复核 记账			收款单位开户行盖章		

此联是收款人开户银行给收款人的收账通知

图 4-5 银行进账单图样

2. 进账单的填写方法

（1）日期：填写办理进账当天的日期。

（2）出票人全称：按支票上出票人签章上的名称填写。

（3）出票人账号：按支票上的记载填写。

（4）出票人开户银行：按支票上记载的付款行名称填写。

（5）收款人全称、账号、开户银行按本单位的情况填写。

（6）金额：按支票上的金额填写。

（7）票据种类：填写支票的类别。

（8）票据张数：填写进账票据的张数，通常为 1 张。

（9）票据号码：填写支票右上角的号码。

任务四 汇兑结算方式

汇兑是指企业（汇款人）委托银行将其款项支付给收款人的结算方式。汇兑结算便于汇款人向异地的收款人主动付款，适用范围广，手续简便易行，灵活方便，因而是目前较为广泛的结算方式。

一、汇兑结算的种类

汇兑根据划转款项方法的不同以及传递方式的不同可以分为信汇和电汇两种，由汇款人自行选择。信汇是指汇款人向银行提出申请，同时交存一定金额及手续费，汇出行将信汇委托书以邮寄方式寄给汇入行，授权汇入行向收款人解付一定金额的一种汇兑结算方式。电汇是指汇款人将一定款项交存汇款银行，汇款银行通过电报或电传给目的地的分行或代理行(汇入行),指示汇入行向收款人支付一定金额的汇款方式。

在这两种汇兑结算方式中,信汇费用较低,但速度相对较慢;而电汇具有速度快的优点,但汇款人要负担较高的汇付费用,因而通常只在紧急情况下或者金额较大时适用。另外,为了确保真实性,电汇汇出行需要加注双方约定的密码;而信汇则不需要密码,签章即可。

二、汇兑结算的办理

汇款人委托银行办理汇兑,应向汇出银行填写信汇、电汇凭证,详细填明汇入地点、汇入银行名称、收款人名称、金额、用途(军工产品可以免填)等各项内容,并在信汇、电汇凭证第二联上加盖预留银行印鉴。需要注意的有以下情况。

(1) 汇款单位需要派人到汇入银行领取汇款时,除在"收款人"栏写明取款人的姓名外,还应在"账号或住址"栏内注明"留行待取"字样。留行待取的汇款,需要指定具体收款人领取汇款的,应注明收款人的单位名称。

(2) 个体经济户和个人需要在汇入银行支取现金的,应在信汇、电汇凭证上"汇款金额"大写栏先填写"现金"字样,接着再紧靠其后填写汇款金额大写。

(3) 汇款人确定不得转汇的,应在"备注"栏内注明。

(4) 汇款需要收款单位凭印鉴支取的,在信汇凭证第四联上加盖收款单位预留银行印鉴。

(一)信汇凭证的填写

采用信汇的,汇款单位出纳员应填制一式四联的"信汇凭证",见图4-6。

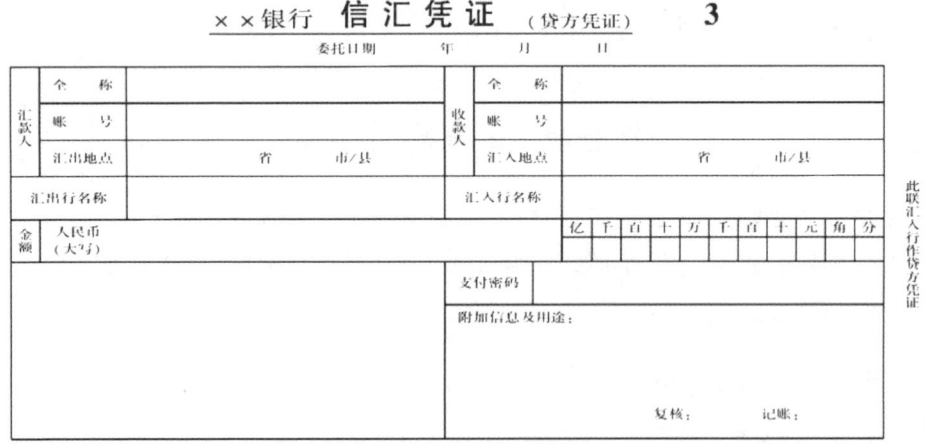

图4-6 信汇凭证图样

信汇凭证第一联(回单),是汇出行受理信汇凭证后给汇款人的回单;第二联(支款凭证),是汇款人委托开户银行办理信汇时转账付款的支付凭证;第三联(收款凭证),是汇入行将款项收入收款人账户后的收款凭证;第四联(收账通知或取款收据),是在直接记入收款人账户后通知收款人的收款通知,或不直接记入收款人账户时收款人凭以领取款项的取款收据。

(二)电汇凭证的填写

出纳员填制一式三联"电汇凭证",见图4-7。"电汇凭证"第一联(回单),是汇出行给汇款人的回单;第二联(支款凭证),为汇出银行办理转账付款的支款凭证;第三联(发电依据),是汇出行向汇入行拍发电报的凭据。

图4-7 电汇凭证图样

三、收款人领取汇款

收款单位根据银行转来的信汇凭证第四联或电汇凭证第三联编制银行存款收款凭证,借记"银行存款"账户,贷记有关账户(依据汇款的性质而定)。

需要在汇入银行支取现金的,信汇(或电汇)凭证上"汇款金额"栏必须注明"现金"字样,可以由收款人填制一联支款单,连同信汇凭证第四联(或电报划收款补充报单第三联),并携带有关身份证件到汇入银行取款。汇入银行审核有关证件后,一次性办理现金支付手续。在汇款凭证上未填明"现金"字样但需要在汇入银行支取现金的单位,由汇入银行按照现金管理的规定支付。

留行待取的汇款,收款人应随身携带身份证件或汇入地有关单位足以证实收款人身份的证明去汇入银行办理取款。汇入银行应向收款人问明情况,与汇款凭证进行核对,并将证件名称、号码、发证单位名称等批注在汇款凭证空白处,并由收款人在"收款人盖章"处签名或盖章,然后办理付款手续。如果凭印鉴支取的,收款人所盖印章必须同预留印鉴相同。

收款人需要在汇入地分次支取汇款的,可以由收款人在汇入银行开立临时存款户,将汇款暂时存入该账户,分次支取。临时存款账户只取不存,付完清户,不计付利息。

四、转汇的办理

汇款人因汇入地没有所需商品等原因需要转汇时,可以持取款通知和有关证件,请求汇入银行重新办理汇款手续,将款项汇往其他地方。转汇的收款人和汇款用途必须是原汇款的收款人和汇款用途。汇入银行办理转汇手续时,在汇款凭证上加盖"转汇"戳记。第三联信汇凭证备注栏注明"不得转汇"的,汇入银行不予办理转汇。

五、退汇的办理

汇款人对汇出银行已经汇出的款项可以申请退汇。

(1) 如果汇款是直接汇给收款单位的存款账户入账的,退汇由汇出单位与收款单位自行联系,银行不予介入。

(2) 如果汇款不是直接汇往收款单位存款账户入账的,由汇款单位备公函或持本人身份证件连同原信、电汇凭证回单交汇出行申请退汇,由汇出银行通知汇入银行,经汇入银行查实汇款确未解付的,方可办理退汇;如果汇入银行接到退汇通知前汇款已经解付收款人账户或被支取的,则由汇款人与收款人自行联系退款手续。如果汇款被收款单位拒绝接受的,由汇入银行立即办理退汇。汇款超过两个月,收款人尚未来汇入银行办理取款手续或在规定期限内汇入银行已寄出通知但由于收款人地址迁移或其他原因致使该笔汇款无人受领时,汇入银行自动办理退汇。

(3) 汇款单位收到汇出银行寄发的注有"汇款退回已代进账"字样的退汇通知书第四联(适用于汇款人申请退汇)或者由汇入银行加盖"退汇"字样、汇出银行加盖"转讫"章的特种转账贷方凭证(适用于银行主动退汇)后,即表明汇款已退回本单位账户。财务部门即可据此编制银行存款收款凭证。

六、撤销汇款的办理

汇款人对汇出银行尚未汇出的款项可以申请撤销。申请撤销时,汇款人应出具正式函件或本人身份证件及原信汇、电汇回单。汇出银行查明确实未汇出款项的,收回原汇款凭证后,方可办理撤销。

任务五 | 银行汇票结算方式

银行汇票是指由出票银行签发的,由其在见票时按照实际结算金额无条件付给收款人或者持票人的票据。单位和个人各种款项的结算,均可使用银行汇票。银行汇票可以用于转账,填明"现金"字样的银行汇票也可以用于支取现金。申请人或者收款人为单位的,不得在"银行汇票申请书"上填明"现金"字样。

一、银行汇票结算的特点

银行汇票作为银行结算的方式,具有一般票据的特点,也有不同于其他票据的特点,具体特点如下所述。

1. 适用范围广

银行汇票是目前异地结算中较为广泛采用的一种结算方式。银行汇票不仅适用于在银行开户的单位、个体经济户和个人,还适用于未在银行开立账户的个体经济户和个人。凡是各单位、个体经济户和个人需要在异地进行商品交易、劳务供应和其他经济活动及债权债务的结算,都可以使用银行汇票。银行汇票既可以用于转账结算,也可以支取现金。

2. 票随人走,钱货两清

使用银行汇票结算的,购货单位交款后,银行开票,票随人走,购货单位购货给票,销售单位验票发货,一手交票,一手交钱,银行见票付款。这样可以减少结算环节,缩短结算资金在途时间,方便购销活动。

3. 使用灵活,适应性强

使用银行汇票结算,持票人可以将汇票背书转让给销货单位,也可以通过银行办理分次支取或转让,还可以使用信汇、电汇或重新办理汇票转汇款项,因而有利于购货单位在市场上灵活地采购物资。

4. 信用度高,安全可靠

银行汇票是银行在收到汇款人款项后签发的支付凭证,由银行提供信誉保证,所以不会出现"空头"或无款支付的情况。收款人持有票据,可以安全及时地到银行支取款项。银行内部有一套严密的处理程序和防范措施,只要汇款人和银行认真按照汇票结算的规定办理,汇款就能保证安全。一旦汇票丢失,如果确属现金汇票,汇款人可以向银行办理挂失,填明收款单位和个人,这样可以防止款项被他人冒领。

5. 结算准确,余款自动退回

由于购货单位很难准确确定具体购货金额,出现汇多用少的情况是不可避免的。在有些情况下,多余款项往往长时间得不到清算从而给购货单位带来不便和损失。使用银行汇票结算则不会出现这种情况,单位持银行汇票购货,凡在汇票的汇款金额之内的,可根据实际采购金额办理支付,多余款项将由银行自动退回。

二、银行汇票结算的基本规定

(1) 银行汇票的签发和解付。银行汇票的签发和解付,只能由中国人民银行和商业银行参加"全国联行往来"的银行机构办理。跨系统银行签发的转账银行汇票的解付,应通过同城票据交换将银行汇票和解讫通知提交同城的有关银行审核支付后抵用。省、自治区、直辖市内和跨省、市的经济区域内,按照有关规定办理。在不能签发银行汇票的银行开户汇款人需要使用银行汇票时,应将款项转交附近能签发银行汇票的银行办理。

(2) 银行汇票一律记名。记名是指在汇票中指定某一特定人为收款人,其他任何人都无权领款;但如果指定收款人以背书方式将领款权转让给其指定的收款人,其指定的收款人有领款权。

(3) 银行汇票的汇款金额起点为 500 元,500 元以下款项银行不予办理银行汇票结算。

(4) 银行汇票的付款期限为 1 个月。这里所说的付款期限,是指从签发之日起到办理兑付之日止的时期。这里所说的 1 个月,是指从签发日开始,不论月大月小,统一按次月对日计算。比如签发日为 3 月 5 日,则付款期到 4 月 5 日止。如果到期日遇法定节假日,则顺延。逾期的汇票,兑付银行将不予办理。

(5) 银行汇票的出票银行是银行汇票的付款人。

三、银行汇票的办理

(一) 填写"银行汇票申请书"

汇款人申请办理银行汇票时,应向出票银行填写"银行汇票申请书"。"银行汇票申请书"一式三联,其中,第一联是存根,由汇款人留存作为记账凭证;第二联是支款凭证,是签发行办理汇票的传出传票;第三联为收入凭证,由签发行作汇出汇款收入传票。如果申请人用现金办理银行汇票,可以注销第二联。"银行汇票申请书",见图 4-8。

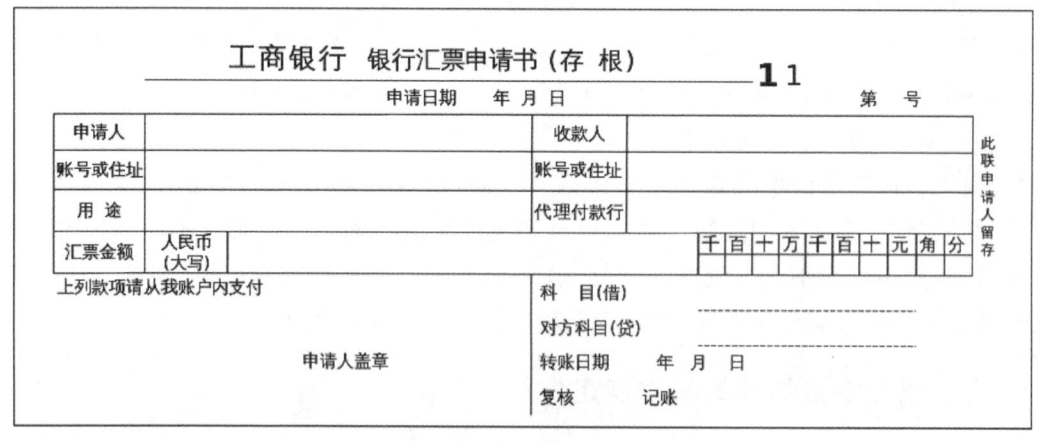

图 4-8 银行汇票申请书图样

申请人和收款人均为个人的,可以在"银行汇票申请书"的"汇票金额"栏先填写"现金"字样,后填写汇票金额。

申请人和收款人均为单位的,不得在"银行汇票申请书"的"汇票金额"栏填写"现金"字样。申请人填妥后,将款项交存银行。

(二) 签发银行汇票

签发银行受理"银行汇票申请书",经过验对"银行汇票申请书"内容和印鉴,并在办妥转账或收妥现金之后,即可向汇款人签发转账或支取现金的银行汇票。对个人需要支取现金的,在汇票"汇款金额"栏先填写"现金"字样,后填写汇款金额,再加盖印章并用压数机压印汇款金额,将汇票和解讫通知交汇款人。

银行汇票包括以下内容。

(1) 收款人姓名或单位。

(2) 汇款人姓名或单位。

(3) 签发日期(发票日)。

(4) 汇款金额、实际结算金额、多余金额。

(5) 汇款用途。

(6) 兑付地、兑付行名称、行号。

(7) 付款日期。

银行汇票一式四联,第一联为卡片样式,由签发行结清汇票时作汇出汇款付出传票;第二联为银行汇票,与第三联解讫通知一并由汇款人自带,在兑付行兑付汇票后此联作联行往来账付出传票;第三联是解讫通知,在兑付行兑付后随报单寄签发行,由签发行作余款收入传票;第四联是多余款通知,在签发行结清后交汇款人。银行汇票(第一联)基本格式,见图4-9。

图4-9 银行汇票图样

四、银行汇票的收取

（一）审查银行汇票

收款单位收到银行汇票时，应该认真审查以下内容。

（1）收款人或背书人是否确为本单位。

（2）银行汇票是否在付款期内，日期、金额等填写是否正确无误。

（3）出票人签章是否符合规定；压数机压印的金额是否清晰，与大写出票金额是否一致。

（4）银行汇票和解讫通知是否齐全、相符。

（5）汇款人或背书人的证明或证件无误，背书人证件上的姓名与其背书是否相符。

（6）出票日期、出票金额、收款人名称是否更改过。

（7）必须记载的事项是否齐全，更改过的其他事项是否有原记载人签章证明。

（二）兑付银行汇票

银行审查无误后，在汇款金额以内，根据实际需要的款项办理结算，并将实际结算金额和多余金额准确、清晰地填入银行汇票和解讫通知的有关栏内（实际结算金额和多余金额如果填错，应用红线划去全数，在上方重填正确数字并加盖本单位印章，但只限更改一次）。银行汇票的多余金额由签发银行退交汇款人。全额解付的银行汇票，应在"多余金额"栏写上"0"。

填写完结算金额和多余金额后，收款人或被背书人将银行汇票和解讫通知同时提交兑付银行，缺少任何一联均无效，银行将不予受理。

在银行开立账户的收款人或被背书人受理银行汇票后，在汇票背面加盖预留银行印鉴连同解讫通知和二联进账单送交开户银行办理转账。进账单一式二联，第一联（回单或收账通知）由收款单位开户银行盖章后退收款单位作收款通知，第二联（收入凭证）由收款单位开户银行作收入传票，其基本格式见图 4-10。

中国银行 进 账 单（收账通知）

2020年 02月01日　　　　　　　　　　　　　No. 29006175

出票人	全　称	深圳鸿运有限责任公司	收款人	全　称	广州嘉华电子有限责任公司	此联是收款人开户银行给收款人的收账通知
	账　号	7395267766185501099		账　号	9420964141366049011	
	开户银行	中国银行深圳市文化路支行		开户银行	中国银行广州市青年路支行	
金额	人民币（大写）	伍仟陆佰伍拾元整			千百十万千百十元角分 ¥ 5 6 5 0 0 0	
票据种类	转账支票	票据张数	1	中国银行股份有限公司 广州市青年路支行 业务专用章 8DF6HC82 6698A3T5		
票据号码		68878443				
	复核		记账		收款单位开户行盖章	

图 4-10　银行进账单图样

未在银行开立账户的收款人或被背书人持银行汇票向银行办理收款时,必须交验兑付地有关单位足以证实收款人身份的证明,在银行汇票背面盖章或签字,注明证件名称、号码及发证机关,才能办理有关结算手续。

收款人或被背书人支取现金的,银行汇票上必须有签发银行按规定填明的"现金"字样才能办理。未填明"现金"字样而需要支取现金的,按支取现金的有关规定经银行审查同意后办理。

五、银行汇票的拒收

银行在收到收款人提交的银行汇票时,经过审查发现有下列情况的,将予以拒付。

(1) 伪造、变造(凭证、印章、压数机)的银行汇票。
(2) 非该行总行统一印制的全国通用的银行汇票。
(3) 超过付款期的银行汇票。
(4) 缺汇票联或解讫通知联的银行汇票。
(5) 背书不完整、不连续的汇票。
(6) 涂改、更改签发日期、收款人、汇款大写金额的汇票。
(7) 已经银行挂失、止付的现金银行汇票。
(8) 残损、污染严重无法辨认的汇票。

对拒付的汇票,银行应退还给持票人。对伪造、变造以及涂改的汇票,银行除了拒付以外,还将报告有关部门进行查处。

六、银行汇票的退款

因汇票超过了付款期限或其他原因没有使用汇票结算时,汇款单位可以分以下情况向签发银行申请退款。

(1) 在银行开立账户的汇款单位要求签发银行退款时,应当备函向签发银行说明原因,并将未用的"银行汇票联"和"解讫通知联"交回汇票签发银行办理退款。银行将"银行汇票联"和"解讫通知联"和银行留存的银行汇票"卡片联"核对无误后办理退款手续,将汇款金额划入汇款单位账户。

(2) 未在银行开立账户的汇款单位要求签发银行退款时,应将未用的"银行汇票联"和"解讫通知联"交回汇票签发银行,同时向银行交验申请退款单位的有关证件,经银行审核后办理退款。

(3) 汇款单位因"银行汇票联"和"解讫通知联"缺少其中一联而不能在兑付银行办理兑付,而向签发银行申请退款时,应将剩余的一联退给汇票签发银行并备函说明短缺其中一联的原因,经签发银行审查同意后办理退款手续。

汇款单位办理退款手续,应等到银行转回的银行汇票第四联"多余款收账通知联"后,财务部门才能根据"多余金额"(此多余金额等于原汇款金额)编制银行存款收款记账凭证。

任务六 商业汇票结算方式

商业汇票是指由付款人(或承兑申请人)签发,由承兑人承兑,并于到期日向收款人或被背书人支付款项的一种票据。承兑是指汇票的付款人愿意负担票面金额支付义务的行为,通俗地讲,就是承认到期将无条件地支付汇票金额的行为。

商业汇票结算方式适用于企业先发货、后收款,或者是双方约定近期付款的商品交易,同城和异地均可使用。

一、使用商业汇票必须遵守的原则

(1) 与银行汇票等相比,商业汇票的适用范围相对较窄,各企业、事业单位之间只有根据购销合同进行合法的商品交易,才能签发商业汇票。除商品交易以外,其他方面的结算,如劳务报酬、债务清偿、资金借贷等不可采用商业汇票结算方式。

(2) 与银行汇票等结算方式相比,商业汇票的使用对象也相对较少。商业汇票的使用对象是在银行开立账户的法人或者其他组织。使用商业汇票的收款人、付款人以及背书人、被背书人等必须同时具备两个条件:一是在银行开立账户,二是具有法人资格。个体工商户、农村承包户、个人、法人的附属单位等不具有法人资格的单位或个人以及虽具有法人资格但没有在银行开立账户的单位都不能使用商业汇票。

(3) 商业汇票可以由付款人签发,也可以由收款人签发,但都必须经过承兑。只有经过承兑的商业汇票才具有法律效力,承兑人负有到期无条件付款的责任。商业汇票到期,因承兑人无款支付或其他合法原因,债权人不能获得付款时,可以按照汇票背书转让的顺序向前手行使追索权,依法追索票面金额;该汇票上的所有关系人都应负连带责任。商业汇票的承兑期限由交易双方商定,纸质商业汇票最长期限为6个月,电子商业汇票最长期限为1年,属于分期付款的应一次签发若干张不同期限的商业汇票。

(4) 未到期的商业汇票可以到银行办理贴现,从而使结算和银行资金融通相结合,有利于企业及时地补充流动资金,维持生产经营的正常进行。

(5) 商业汇票在同城、异地都可以使用,而且没有结算起点的限制。

(6) 商业汇票一律记名并允许背书转让。商业汇票到期后,一律通过银行办理转账结算,银行不支付现金。商业汇票的提示付款期限为自汇票到期日起10日内。

二、商业汇票的种类

商业汇票根据承兑人不同,可分为银行承兑汇票和商业承兑汇票;按是否计息,可分为带息商业汇票和不带息商业汇票。

商业承兑汇票是由收款人签发，并经付款人承兑，或由付款人签发并承兑的票据，承兑人负有票据到期无条件支付的法律责任。银行承兑汇票是由付款人或承兑银行签发的由银行承兑的汇票，承兑银行按票面金额向出票人收取万分之五的手续费。

三、银行承兑汇票的结算程序

1. 签订交易合同

交易双方经过协商，签订商品交易合同，并在合同中注明采用银行承兑汇票进行结算。作为销售方，如果对方的商业信用不佳，或者对对方的信用状况不甚了解或信心不足，使用银行承兑汇票较为稳妥。因为银行承兑汇票由银行承兑，由银行信用作为保证，因而能保证及时地收回货款。

2. 汇票签发

付款方按照双方签订的合同的规定，签发银行承兑汇票。银行承兑汇票一式四联，第一联为卡片，由承兑银行支付票款时作付出传票；第二联由收款人开户行向承兑银行收取票款时作联行往来账付出传票；第三联为解讫通知联，由收款人开户银行收取票款时随报单寄给承兑行，承兑行作付出传票附件；第四联为存根联，由签发单位编制有关凭证。银行承兑汇票（第一联）的基本格式，见图 4-11。

银行承兑汇票（卡片） 1

出票日期 年 月 日 汇票号码

出票人全称		收款人	全 称	
出票人账号			账 号	
付款行全称			开户银行	
出票金额	人民币（大写）			百 十 万 千 百 十 元 角 分
汇票到期日（大写）		付款人开户行	行号	
承兑协议编号			地址	
本汇票请你行承兑，此项汇票款我单位按承兑协议于到期日前足额交存你行，到期请予支付。 出票人签章	备注：		复核 记账	

此联承兑行留存备查，到期支付票款时作借方凭证附件

图 4-11 银行承兑汇票图样

付款单位出纳员在填制银行承兑汇票时，应当逐项填写银行承兑汇票中的签发日期，收款人和承兑申请人（即付款单位）的单位全称、账号、开户银行，汇票金额大、小写，汇票到期日，交易合同编号等内容，并在银行承兑汇票的第一联、第二联、第三联的“汇票签发人盖章”处加盖预留银行印鉴及负责人和经办人印章。

3. 汇票承兑

付款单位出纳员在填制完银行承兑汇票后，应将汇票的有关内容与交易合同进行核对，核对无误后填制"银行承兑协议"，并在"承兑申请人"处盖单位公章。银行承兑协议一式三联，其内容主要是汇票的基本内容和汇票经银行承兑后承兑申请人应遵守的基本条款等。银行承兑协议的基本格式，见图4-12。

银行承兑协议

```
                                              编号：_____

银行承兑汇票的内容：
    收款人全称_____    付款人全称_____
    开户银行_____      开户银行_____
    账  号_____        账  号_____
    汇票号码_____      汇票金额(大写)_____
    签发日期    年    月    日      到期日期    年    月    日
    以上汇票经承兑银行承兑，承兑申请人(下称申请人)愿遵守《支付结算办法》规定
及下列条款：
    1. 申请人于汇票到期日期将应付票款足额交存承兑银行。
    2. 承兑手续费按票面金额千分之(    )计算，在银行承兑时一次付清。
    3. 承兑汇票如发生任何交易纠纷，均由收付双方自行处理。票款于到期前仍按第一
条办理不误。
    4. 承兑汇票到期日，承兑银行凭票无条件支付票款。如到期日之前申请人不能足额
交付票款时，承兑银行对不足支付部分的票款转作承兑申请人逾期贷款，并按照有关规定
计收罚息。
    5. 承兑汇票款付清后，本协议始自动失效。
    本协议第一、二联分别由承兑银行信贷部门和承兑申请人存执，协议副本由银行会
计部门存查。
    承兑银行_____(盖章)    承兑申请人_____(盖章)
                                        订立承兑协议日期    年    月    日
```

图 4-12 银行承兑协议图样

收款人填制完银行承兑协议后，应在银行承兑汇票的第一联、第二联中"承兑申请人盖章"处加盖预留银行的印鉴，然后将银行承兑汇票的第一联、第二联、第三联连同交易合同和银行承兑协议的第一联、第二联、第三联一并递交开户银行信贷部门申请承兑。银行信贷部门按照有关政策规定对承兑申请进行审查，重点审查付款单位的资信是否可靠，汇票所依据的商品交易和商业信用是否符合规定。经过审查符合条件的，银行按有关审批权限报经批准后，与付款单位签署"银行承兑协议"，在"银行承兑协议"上"承兑银行"处盖章，并将"银行承兑协议"第一联留存银行信贷部门，其余退给付款单

位。付款单位持银行信贷部门退回的银行承兑汇票第一联、第二联、第三联和银行承兑协议第二联、第三联交开户银行会计部门办理有关手续。银行会计部门审核后在银行承兑汇票第一联、第二联、第三联上注明承兑协议编号,并在第二联汇票"承兑银行盖章"处加盖银行汇票专用章,用该银行总行统一订制的压数机在"汇票金额"栏小写金额的下端压印汇票金额,留下银行承兑汇票第一联(卡片)和承兑协议第三联(副本)备查,将其余退回付款单位。付款单位将银行会计部门退回的银行承兑汇票第二联、第三联和银行承兑协议第二联交财务部门,由专人保管。

4. 支付手续费

按照"银行承兑协议"的规定,付款单位办理承兑手续并向承兑银行支付手续费,由开户银行从付款单位存款账户中扣收。按照现行规定,承兑银行一般按银行承兑汇票票面金额的万分之五收取银行承兑汇票手续费,手续费不足10元的,按10元计收。

5. 寄交银行承兑汇票

付款单位按照交易合同规定,向供货方购货,将经过银行承兑后的汇票第二联、第三联寄交收款单位,以便收款单位到期收款或背书转让,并同时登记"应付票据备查簿"。

6. 交存票款

付款人应于汇票到期前将票款足额交存其开户银行(即承兑银行),以便承兑银行于汇票到期日将款项划拨给收款单位或贴现银行。

7. 委托银行收款

收款单位收到银行承兑汇票时,首先审查汇票内容,再登记"应收票据备查簿"。

汇票到期日,收款单位填制一式两联进账单,并在银行承兑汇票第二联、第三联背面加盖预留银行印鉴,将汇票和进账单一并送交其开户银行,委托开户银行收款。

8. 到期兑付

开户银行按照规定对银行承兑汇票进行审查,审查无误后将第一联进账单加盖"转讫"章交收款单位作为收账通知,按规定办理汇票收款业务。

四、商业承兑汇票的结算程序

1. 汇票签发

付款人根据合同签发一式三联的商业承兑汇票,第一联为卡片,由付款人留存;第二联为商业承兑汇票,由收款人开户银行随结算凭证寄付款人开户银行作付出传票附件;第三联为存根联,由签发人存查。商业承兑汇票(第一联)的格式,见图4-13。

商业承兑汇票（卡片）　　　　1

| 出票日期　　年　　月　　日　　汇票号码 |

付款人	全称		收款人	全称	
	账号			账号	
	开户银行			开户银行	

出票金额　人民币（大写）　　　百十万千百十元角分

汇票到期日（大写）

付款人开户行　行号　地址

交易合同号码

备注：

出票人签章

此联承兑人留存

图 4-13　商业承兑汇票图样

2. 承兑人

商业承兑汇票由付款单位承兑。

3. 委托收款

商业承兑汇票持票人应在付款期内通过开户银行委托收款或者直接向付款人提示付款。

4. 到期兑付

商业承兑汇票付款人的开户银行收到通过委托收款寄来的商业承兑汇票，将商业承兑汇票留存，并及时通知付款人。

（1）付款人收到开户银行的付款通知，应在当日通知银行付款。付款人在接到通知日的次日起 3 日内（遇法定节假日顺延，下同）未通知银行付款的，视同付款人承诺付款，银行应于付款人接到通知日的次日起第 4 日上午开始营业时，将票款划给持票人。付款人提前收到由其承兑的商业汇票，应通知银行于汇票到期日付款。付款人在接到通知日的次日起 3 日内未通知银行付款，付款人接到通知日的次日起第 4 日在汇票到期日之前的，银行应于汇票到期日将票款划给持票人。

（2）银行在办理划款时，付款人存款账户不足支付的，应填制付款人未付票款通知书，连同商业承兑汇票邮寄持票人开户银行转交持票人。

（3）付款人存在合法抗辩事由拒绝支付的，应自接到通知日的次日起 3 日内，把填妥的拒绝付款证明送交开户银行，银行将拒绝付款证明和商业承兑汇票邮寄持票人开户银行转交持票人。

任务七 银行本票结算方式

银行本票是由出票银行签发的、承诺自己在见票时无条件支付确定的金额给收款人或者持票人的票据。

单位、个体经济户和个人在同城范围的商品交易和劳务供应以及其他款项的结算均可以使用银行本票。

银行本票的出票人为经中国人民银行当地分支批准办理银行本票业务的银行机构。其中,不定额银行本票由经办银行签发和兑付,定额本票则是由中国人民银行发行,各银行代办签发和兑付。

一、银行本票的种类

银行本票按照其金额是否固定可分为不定额和定额两种。不定额银行本票是指凭证上金额栏是空白的,签发时根据实际需要填写金额,并用压数机压印金额的银行本票;定额银行本票是指凭证上预先印有定固定面额的银行本票。定额银行本票面额为1 000元、5 000元、10 000元和50 000元。

银行本票的格式见图4-14。

图4-14 银行本票图样

二、银行本票的办理

(一) 申请

付款单位需要使用银行本票办理结算的,应向银行填写一式三联"银行本票申请书",详细写明收款单位名称等各项内容。申请人在签发银行开立账户的,应在"银行本票申请书"第二联上加盖预留银行印鉴。个体经济户和个人需要支取现金的应在申请书上注明"现金"字样。"银行本票申请书"的格式由中国人民银行各分行确定和印制。

(二) 签发本票

签发银行受理"银行本票申请书"后,应认真审查申请书填写的内容是否正确。审查无误后,办理收款手续。付款单位在银行开立账户的,签发银行直接从其账户划拨款项;付款人用现金办理本票的,签发银行直接收取现金。银行按照规定收取办理银行本票的手续费。银行办妥票款和收取手续费后,即可签发银行本票。

签发银行在签发不定额银行本票时,同样应按照申请书的内容填写收款人名称,并用数字大写填写签发日期,用于转账的本票须在本票上划去"现金"字样;用于支取现金的本票须在本票上划去"转账"字样,然后在本票第一联上加盖汇票专用章和经办、复核人员名章,用总行统一订制的压数机在"人民币大写"栏大写金额后端压印本票金额后,将本票第一联连同"银行本票申请书"存根联一并交给申请人。

(三) 结算

收款人收到付款人交来的银行本票,经审查后,填写一式两联进账单,连同银行本票,交本单位开户银行办理收款入账手续。收款人为个人的,也可以持转账的银行本票经背书向被背书人的单位或个体经济户办理结算,填明"现金"字样的银行本票可以向银行支取现金。

三、银行本票的审查

收款人接受银行本票后应认真审查,要审查的内容如下。

(1) 收款人或被背书人是否确为本收款人,背书是否连续。

(2) 银行本票是否在付款期内。

(3) 签发的内容是否符合规定,印章是否清晰。

(4) 不定额银行本票是否有压数机压印的金额,与本票大写出票金额是否一致。

(5) 出票金额、出票日期、收款人名称是否更改,经过更改的其他事项是否由原记载人签章证明。

四、银行本票使用的注意事项

(1) 银行本票可以用于转账,填明"现金"字样的银行本票,也可以用于支取现金。现金银行本票的申请人和收款人均为个人。

(2) 银行本票可以背书转让,填明"现金"字样的银行本票不能背书转让。

(3) 银行本票的提示付款期限为自出票日起 2 个月。持票人超过付款期限提示付款的,在票据权利时效内向出票银行做出说明,并提供本人身份证件或单位证明后,可持银行本票向出票银行请求付款。

（4）单位和个人在同一票据交换区域需要支付各种款项，均可以使用银行本票。

（5）申请人使用银行本票，应向银行填写"银行本票申请书"，填明收款人名称、申请人名称、支付金额、申请日期等事项并签章。申请人和收款人均为个人需要支取现金的，应在"支付金额"栏先填写"现金"字样后，填写支付金额。

（6）若银行本票遗失，失票人可以凭人民法院出具的享有票据权利的证明，向出票银行请求付款或退款。未填明"现金"字样的银行本票丧失，不得挂失止付。

任务八 委托收款结算方式

委托收款是指收款人委托银行向付款人收取款项的结算方式。

凡在银行或其他金融机构开立账户的单位和个体经济户的商品交易；公用事业单位向用户收取水电费、邮电费、煤气费、公房租金等劳务款项以及其他应收款项，无论是在同城还是异地，均可使用委托收款的结算方式。委托收款具有使用范围广、灵活、简便的特点。

一、委托收款的办理程序

（一）委托收款的种类

根据凭证传递方式不同，委托收款可分为委邮（邮寄）和委电（电报划回）两种，由收款人选用。

（二）收款程序

委邮（邮寄）和委电（电报划回）凭证均为一式五联。第一联为回单，由银行盖章后退给收款单位；第二联为收款凭证，收款单位开户银行作收入传票；第三联为支款凭证，付款人开户银行作为付出传票；"委邮"第四联为收账通知，是收款单位开户银行在款项收妥后给收款人的收账通知；"委电"第四联为发电报的依据，付款单位开户银行凭此向收款单位开户银行拍发电报；第五联为付款通知，是付款人开户银行给付款单位按期付款的通知。

委邮（或委电）凭证（第一联）凭证格式见图4-15。

收款单位出纳员应按规定逐项填明委托收款凭证的各项内容，如收款单位名称、账号、开户银行，付款单位的名称、账号或地址、开户银行、委托金额大小写、款项内容（如贷款、劳务费等）、委托收款凭据名称（如发票等）及所附单证张数等，然后在委托收款凭证第二联上加盖收款单位印章后，将委托收款凭证和委托收款依据一并送交开户银行。

收款单位开户银行收到收款单位送交的委托收款凭证和有关单证后，按照委托收款的有关规定和填写凭证的有关要求进行认真审查，审查无误后办理委托收款手续，在委托收款凭证第一联上加盖业务用公章后退给收款单位，同时按规定收取一定量的手续费。

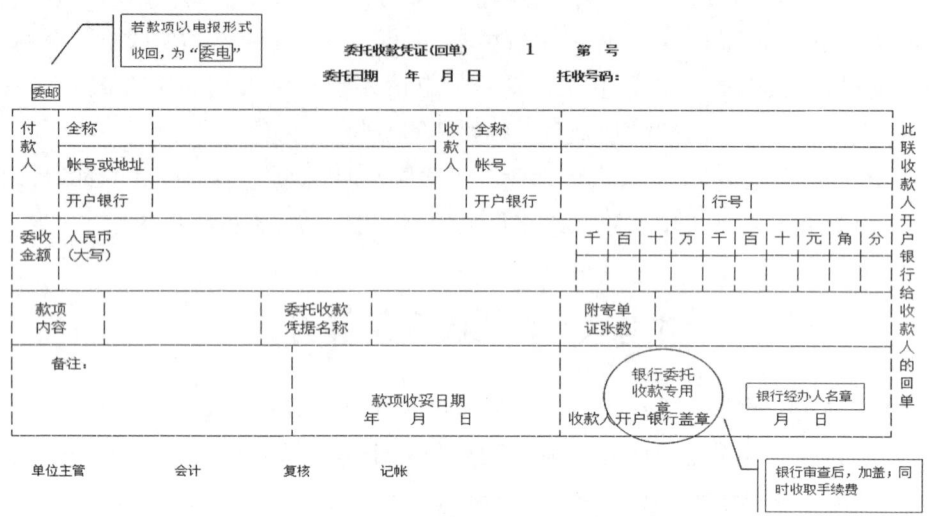

图 4-15 委托收款凭证图样

3. 付款程序

付款人开户银行接到收款人开户银行寄来的委托收款凭证,经审查无误,应及时通知付款人。付款人接到通知和有关附件,应认真进行审核。审查的内容主要包括三项:①委托收款凭证是否应由本单位受理;②凭证内容和所附的有关单证填写是否齐全正确;③委托收款金额和实际应付金额是否一致,承付期限是否到期。付款人审查无误后,应在规定的付款期内付款。付款期从付款人开户银行发出付款通知的次日算起(付款期内遇法定节假日顺延,下同),付款人在付款期内未向银行提出异议,银行视作同意付款,并在付款期满的次日上午银行开始营业时,将款项主动划给收款人。如在付款到期前,付款人通知银行提前付款,银行应即办理划款。付款人审查付款通知和有关单证,发现有明显的计算错误,应该多付款项时,可由出纳员填制一式四联"多付款理由书"(可以"拒绝付款理由书"替代),于付款到期前交开户银行将多付款项一并划给收款单位。银行审查同意后,将多付款项连同委收金额划转给收款单位,同时将第一联多付款理由书加盖"转讫"章后作支款通知交给收款单位。

4. 三方交易、直达结算

"三方交易、直达结算"是指批发单位、销货单位、购货单位都不在一地,批发单位委托销货单位直接向购货单位发运商品,而货款则由批发单位分别与购、销双方进行结算的一种做法。这种做法适用于批发单位和购货单位的交易需要经过一个中间商的交易活动。在这种做法下,批发单位、销货单位和购货单位之间应分别订立经济合同,将三方之间相互承担的义务和责任以合同的形式固定下来。销货单位根据三方签订的合同,不经由批发单位,直接向购货单位发货,同时由销货单位填制两份"委托收款凭证",并附上有关单证,将其同时提交开户银行办理委托收款手续:一份以销货单位的名义,向批发单位收款,货款划回销货单位开户银行,收进销货单位账户;另一份以批发单位的名义,向购货单位收款,货款直接划回批发单位开户银行,收进批发单位账户。购货单位对批发单位、批发单位对销货单位发生拒付或无款支付的,均按照上述有关规定办理。

二、委托收款结算的基本规定

(1) 委托收款结算不受金额起点限制。

(2) 委托收款人提供商品或劳务后,根据发票、运单等有关债务证明到银行办理委托收款业务,填写委托收款凭证。

(3) 付款银行在接到收款人送交的委托收款凭证及债务证明,并经审查无误后,向收款人办理付款业务:①以银行为付款人的,银行应在当日将款项主动支付给收款人;②以单位为付款人的,银行应及时通知付款人,按照有关规定,需要将有关债务证明交给付款人的应交给付款人签收。付款人应于接到通知的当日书面通知银行付款,如果付款人未在接到通知日的次日起 3 日内通知银行付款的,视同付款人同意付款,银行应于付款人接到通知日的次日起第 4 日上午开始营业时,将款项划给收款人。

(4) 付款人审查有关债务证明后,对收款人委托收取的款项需要拒绝付款的,可以办理拒绝付款。付款人对收款人委托收取的款项需要全部拒绝付款的,应在付款期内填制《委托收款结算全部拒绝付款理由书》,并加盖银行预留印鉴,连同有关单证送交开户银行,银行不负责审查拒付理由,将拒绝付款理由书和有关凭证及单证寄给收款人开户银行转交收款人。需要部分拒绝付款的,应在付款期内出具《委托收款结算部分拒绝付款理由书》,并加盖银行预留印鉴,送交开户银行,银行办理部分划款,并将部分拒绝付款理由书寄给收款人开户银行转交收款人。

(5) 付款人在付款期满日、银行营业终了前如无足够资金支付全部款项,即为无款支付。银行于次日上午开始营业时,通知付款人将有关单证(单证已做账务处理的,付款人可填制《应付款项证明书》),在两天内退回开户银行,银行将有关结算凭证连同单证或应付款项证明单退回收款人开户银行转交收款人。

(6) 付款人逾期不退回单证的,开户银行应按照委托收款的金额自发出通知的第 3 天起,每天处以 0.5% 但不低于 50 元的罚金,并暂停付款人委托银行向外办理结算业务,直到退回单证为止。

任务九 托收承付结算方式

托收承付结算是指根据购销合同由收款人发货后委托银行向异地购货单位收取货款,购货单位根据合同核对单证或验货后,向银行付款的一种结算方式。

托收承付结算方式只适用于异地订有经济合同的商品交易及相关劳务款项的结算。代销、寄销、赊销商品的款项，不得办理异地托收承付结算。

一、托收承付的种类

异地托收承付结算款项的划回方法，分邮寄和电报两种，由收款人选用。邮寄和电报两种结算凭证均为一式五联。第一联回单，是收款人开户行给收款人的回单；第二联委托凭证，是收款人委托开户行办理托收款项后的收款凭证；第三联支票凭证，是付款人向开户行支付货款的支款凭证；第四联收款通知，是收款人开户行在款项收妥后给收款人的收款通知；第五联承付（支款）通知，是付款人开户行通知付款人按期承付货款的承付（支款）通知。托收承付结算的凭证格式见图4-16。

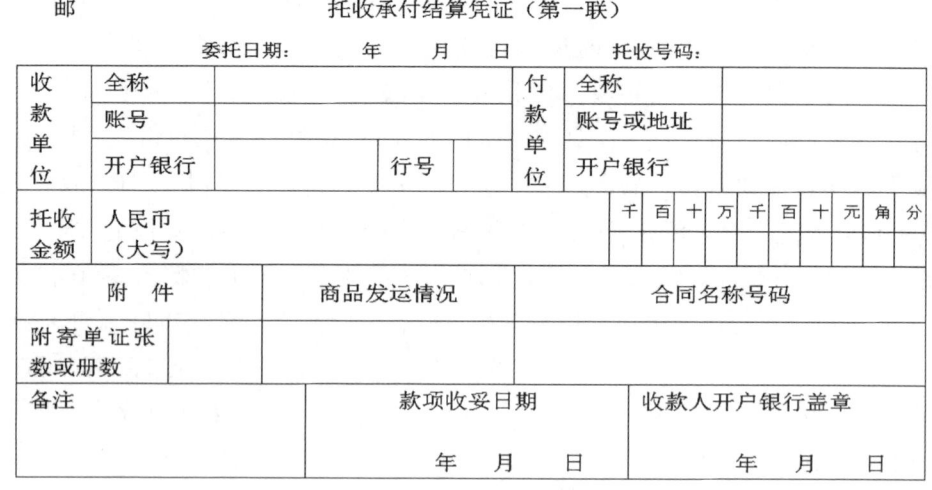

图4-16 托收承付结算凭证图样

二、办理托收承付的必备条件

（1）有规定的使用对象。使用托收承付结算方式的收款单位和付款单位，必须是经营管理较好并经开户银行审查同意的企业。办理托收承付结算的款项，必须是商品交易以及因商品交易而产生的劳务供应的款项，代销、寄销、赊销商品的款项，不得办理托收承付结算。

（2）结算金额起点较高。托收承付结算每笔的金额起点为10 000元，新华书店系统每笔金额起点为1 000元。

（3）只适用于有购销合同的异地结算。采用托收承付结算方式时，购销双方必须签有符合《合同法》要求的购销合同，并在合同上订明使用托收承付结算方式进行结算。

（4）货物确已发运的证件，具体包括铁路、航远、公路等承运部门签发的运单、运单副本和邮局包裹回执等。

对于下列情况,如果没有发运证件的,可凭有关证件办理托收手续。

(1) 商业、供销、外贸部门系统内及相互之间,国家物资、粮食、其他商业(如水产、农机等)系统内的商品调拨、自备运输工具发送或自提的;易燃、易爆、剧毒、腐蚀性的商品。以及电、石油、天然气等必须使用专用工具或线路、管道运输的,可凭付款单位确已收到商品的证明(粮食部门可凭提货单及发货明细表)。

(2) 铁道部门的材料厂向铁道系统供应专用器材,可凭其签发的注明车辆号码和发运日期的证明。

(3) 军队使用军列整车装运物资,可凭注明车辆号码和发运日期的单据;军用仓库对军内发货,可凭解放军总后勤部签发的提货单副本,各战区、省军区也可比照办理。

(4) 收款单位承造或大修理船舶、锅炉或大型机器等,生产周期长,合同订明按工程进度分次结算的,可凭工程进度完工证明书。

(5) 付款单位购进的商品,在收款单位所在地转厂加工、配套的,可凭付款单位和承担加工、配套单位的书面证明。

(6) 合同订明商品由收款单位暂时代为保管的,可凭寄存证及付款单位委托保管商品的证明。

(7) 使用铁路集装箱或零担凑整车发运商品的,由于铁路只签发一张运单,可凭持有发运证件单位出具的证明。

(8) 外贸部门进口商品,可凭国外发来的账单、进口公司开出的结算账单。

三、办理托收承付的程序

(一) 收款程序

收款单位按照收、付双方签订合同的要求发货后,填制托收承付结算凭证。由于托收承付结算分为邮划和电划两种,因而相应地托收承付结算凭证也分为邮划托收承付结算凭证和电划托收承付结算凭证两种。

邮划托收承付结算凭证一式五联,第一联(回单)是收款单位开户银行给收款单位的回单;第二联(委托收款凭证)是收款单位委托开户银行办理托收款项后的收款凭证;第三联(支款凭证)是付款单位向开户银行支付贷款的支款凭证;第四联(收账通知)是收款单位开户银行在款项收妥后给收款单位的收账通知;第五联(承付支款通知)是付款单位开户银行通知付款单位按期承付货款的承付(支款)通知。电划托收承付结算凭证也是一式五联,第一联、第二联、第三联、第五联的作用与邮划托收承付结算凭证相同,第四联是付款单位开户银行拍发电报的依据。

收款单位出纳员在填写托收承付结算凭证时,应按照要求逐项认真填写凭证的各项内容,包括收款单位的全称、账号、开户银行,付款单位的全称、账号或地址、开户银行，托收金额的大、小写，随凭证附寄的单证的张数或册数，商品发运情况（如运单的号码等），合同名称号码等，并在托收承付结算凭证的第二联"收款单位盖章"栏加盖本单位预留银行印鉴。然后将托收承付结算凭证连同发运单证或有关证件和交易凭证（如销货发票、代垫运杂费单据等）一并送交开户银行办理托收手续。如开户银行认为有必要，还需附送收、付款双方签订的合同。如果收款单位的发运证件经银行验证后需要取回的，应向银行说明。

开户银行收到收款单位的托收凭证后，将按照托收承付结算的范围、条件和托收凭证的要求进行认真的审查，必要时还将查验收付款双方签订的合同。按照规定，开户银行审查时间最长不超过2天。经审查认为不符合要求的，银行将不予办理，退回托收凭证。审查无误的，办理托收手续，在托收承付结算凭证第一联上加盖业务用公章，退还给收款单位。对收款单位提供发运证件交银行验证后，需要取回保管或寄存的，应在各联凭证和发运证件上加盖"已验发运证件"戳记，然后将发运证件退还给收款单位。

（二）付款程序

付款单位出纳员收到其开户银行转来的托收承付结算凭证第五联及有关发运单证和交易单证后，应按规定立即登记"异地托收承付付款登记簿"和"异地托收承付处理单"，然后交供应（业务）等职能部门签收。

出纳员在登记时，应逐项登记托收单号、收单日期、收款单位名称、托收款项内容、托收金额等各项内容。供应部门应会同财务部门认真仔细地审查托收承付结算凭证及发运单证和交易单证，看其价格、金额、品种、规格、质量、数量等是否符合双方合同规定，并签出全部承付、部分拒付、全部拒付的意见。如为验货付款的，还应将有关单证和实际收到货物后再作进一步核对，以签出处理意见。

付款单位承付货款有验单付款和验货付款两种方式，由收付双方协商选用，并在合同中明确加以规定。实行验货付款的，收款单位在办理托收手续时应在托收凭证上加盖"验货付款"戳记。实行验单付款的，其承付期为3天，从付款单位开户银行发出承付通知的次日算起，承付期内遇法定节假日顺延，对距离较远的付款单位必须邮寄的另加邮寄时间。

付款单位收到银行发出的承付通知后，在承付期内未向银行表示拒付货款的，银行视作承付处理，在承付期满的次日将款项按收款单位指定的划款方式划给收款单位。

实行验货付款的，承付期为10天，从运输部门向付款单位发出提货通知的次日算起；也可根据实际情况由双方协商确定验货付款期限，并在合同中明确规定，并由收款单位在托收承付凭证上予以注明，这样银行便按双方约定的付款期限办理付款。

付款单位收到提货通知后，应立即通知银行并交验提货通知。付款单位在银行发出承付通知后的10天内或收付双方约定的期限（从次日算起），如未收到提货通知，则应在第10天内或约定期限内将货物尚未到达的情况通知银行。如果未通知，银行即视作已经验货,于10天或约定期限满的次日上午开始营业时将款项划给收款单位。在第10天付款单位通知银行货物未到而以后收到提货通知没有及时通知银行的,银行仍按10天期满的次日作为划款日期,并按超过天数,计扣逾期付款的滞纳金。

不论验单付款还是验货付款,付款人都可以在承付期内提前向银行承付,并通知银行提前付款,银行应立即办理划款。因商品的价格、数量或金额变动,付款人因多承付款项的,须在承付期内向银行提出书面通知,银行据此将当次托收的款项划给收款人。付款人不得在承付货款中,扣抵其他款项或以前托收的款项。

知识拓展

支票追索纠纷案的启示

一、基本案情

上诉人王某与被上诉人张某因票据追索权纠纷一案,不服广东省某法院民事判决,向二审法院提起上诉。基本案情如下:王某开具一张农村信用合作社支票给广州鸿达有限公司(以下简称"鸿达公司")的洪民,该支票出票时未填写收款人,票面金额为30 000元,兑现期为2006年9月25日。因洪民与陈穗存在生意往来,遂于2006年7月12日把该支票转让给陈穗,事后陈穗在支票上补记收款人为佛山市王家建材店,将支票转交给张某。后张某凭支票到银行兑现,被银行以账户余额不足为由退票,据此张某于2006年10月11日向原审法院提起诉讼,请求王某支付欠款30 000元及案件准备材料费用500元(在庭审中撤回对案件准备材料费用的请求),诉讼费用由王某承担。

二、焦点法律问题

在该案件的审理过程中,有关当事人及其代理人、审案法官在以下两方面存在认识上的分歧。

1. 法律纠纷的性质

上诉人认为,被上诉人张某在一审时是以买卖合同纠纷为案由向法院立案诉讼,而实际上,双方之间并不存在买卖合同关系,从来没有发生过买卖合同业务,也没有生意往来,所以张某的起诉缺乏事实基础,王某从来没有拖欠张某的任何款项。被上诉人张某据以起诉的唯一证据是一张银行支票,但本案提起的不是票据纠纷而是买卖合同纠纷,而该张支票是经过鸿达公司和陈穗转付到了张某处,却在该支票的转付过程中,已发生了止付的法律事实。所以本案一审应依法追加鸿达公司和陈穗作为共同被告,王某在一审时曾向法院提出了追加被告的申请,但一审法院没有采纳。被上诉人张某则认为,买卖合同纠纷是原审法院立案时所定的案由,在开庭时法院也向张某进行了说明,张某已明确就本案证据材料提起的是票据追索权纠纷。

二审法院认为,经查明:被上诉人张某在一审庭审过程中明确是以票据纠纷为由提起本案诉讼。被上诉人张某持支票及退票通知书向原审法院提起诉讼,请求上诉人王某支付欠款30 000元。尽管张某在起诉状中没有说明款项的性质,但在庭审过程中经法院行使释明权,张某已明确款项的性质为票据款,故本案案由应为票据追索权纠纷,上诉人王某认为本案为买卖合同纠纷的理由不成立。

从案件审理过程及有关事实来看,有关当事人争议的焦点问题是票据款项的支付,其争议的实质问题在于受让票据项下获得支付的权利是否合法有效,这也就是所谓的票据追索权问题。因此,两审法院认定纠纷的性质为票据追索权纠纷是正确的。

2. 票据追索权是否合法有效

上诉人王某在关于票据追索权问题上,认为该案所涉支票转让是非法的,不应支持受让人的票据追索权。上诉人认为,该案件所涉支票由鸿达公司转交给陈穗时,因为鸿达公司尚欠其10 000元的货款,所以双方约定在鸿达公司将10 000元付清给陈穗时,陈穗须将该张支票交还给鸿达公司,但陈穗在收取了鸿达公司20 000元款项后,却恶意将该支票转交给张某以获得非法利益,因此陈穗将该支票交给张某的行为是非法的,张某主张的票据款当然不应支付。被上诉人则认为其取得的票据是合法取得票据,支票的各项记载也是合乎法律规定的,在其合法取得票据的前提下,即使没有与王某有直接的买卖合同关系,根据票据的无因性原则,张某也有权向王某行使票据追索权利。根据《票据法》及最高法院关于审理票据纠纷的有关规定,上诉人不能以其对张某前手的关系来进行抗辩。

原审法院经审理认为:王某因与鸿达公司的洪民有生意往来而将未填写收款人的支票交付给洪民,该支票应视为空白授权支票,即王某交付该空白支票时已暗含授权持票人补记空白事项的意思表示。因此该支票的空白事项补记完备后,则支票的形式要件符合法律规定,王某作为出票人应依法承担票据责任。该案中,张某已提供充分证据证实其取得支票的来源合法,并已依法提示付款,则在该支票不能兑现的情况下,王某应承担支付票据款项给持票人的票据责任。王某抗辩称已支付了20 000元给鸿达公司的洪民,张某的支票是非法取得,根据法律规定,票据债务人不得以自己与持票人的前手之间的抗辩事由对抗持票人,据此王某的抗辩理由不成立,张某的诉讼请求有理,法院应予以支持。

从本案所涉支票的转让来看,本案涉及支票转让的合法有效性主要取决于以下两个因素:

其一,支票本身的真实有效性。根据《票据法》第八十四条规定,支票必须记载下列事项:表明"支票"的字样,无条件支付的委托,确定的金额,付款人名称,出票日期,出票人签章。支票上未记载前述规定事项之一的,支票无效。本案涉及支票并未欠缺必须记载事项,而是欠缺"收款人"名称。《票据法》第八十六条对于未记载收款人名称事宜作了专门规定:"支票上未记载收款人名称的,经出票人授权,可以补记。"据此,本案所涉支票签发后虽然缺"收款人"名称,但是在转让中有关权利人补记了自己的名字,这并不影响票据本身的真实有效性。

其二,支票的转让合法有效性。根据《票据法》的有关规定,票据权利的取得方式主要包括以下几种:因出票人签发票据并将票据交付给收款人而取得票据权利,因前手背书转让而取得票据权利(无记名票据直接交付即可),因税收、继承或者赠与等方式而取得票据权利,因票据当事人被追索并清偿之后而取得票据权利(追索权)等。在本案中,支票的转让是针对无记名支票而发生,因此其转让无需经过背书转让手续,而是直接交付并由持票人补记自己的名字。在本案中,张某已经证明了出票人王某开具未记载收款人的空白支票给洪民,洪民将支票转让给陈穗,陈穗补记收款人后交张某,张某并非以欺诈、偷盗或者胁迫等手段取得票据,其为合法持票人,依法享有票据权利。张某持支票向银行提示付款,因账户余额不足而未能兑现,张某在行使了付款请求权遭拒绝后向出票人王某行使追索权符合法律规定,王某应该向张某支付票据款项30 000元。

尽管本案中,王某与张某之间并非直接前后手,双方之间没有实际发生业务往来,但是票据的无因性原则决定了追索权的行使不依赖于有关当事人之间是否有直接的关系。基于票据无因性,票据债务人王某不能以自己与持票人张某的前手即洪民或陈穗之间的抗辩事由对抗张某。

正是基于票据及其转让的合法有效性分析基础上,二审法院也认定了支票本身的有效性,并否定了上诉人的主张。

三、对银行的几点启示

虽然本案并没有直接将银行纳入纠纷的当事人,但是本案所涉支票纠纷对于银行也是颇富启示的。

第一,银行对于无记名票据的转让必须有正确的认识。本案涉及的支票纠纷是一起典型的无记名票据转让纠纷案例,银行应该清醒地认识到无记名支票的转让无须按照记名票据的背书转让流程来审核。如果本案所涉支票指向的账户有足够的资金支付,则银行不宜简单地根据有关账户所有人的主张而拒绝支付,否则银行可能陷入票据支付纠纷中去,并可能给自己带来声誉风险。银行应该清楚:支票是出票人签发的,委托办理支票存款业务的银行或者其他金融机构在见票时无条件支付确定的金额给收款人或者持票人的票据。如果银行以不当的理由拒绝支付,势必导致有关当事人抗辩甚至起诉银行。

第二,银行应准确把握支票的记载要素有关规定。根据《票据法》第八十四条规定,支票必须记载下列事项:表明"支票"的字样,无条件支付的委托,确定的金额,付款人名称,出票日期,出票人签章。但是对于支票上的金额可以补记,即支票上的金额可以由出票人授权补记,未补记前的支票,不得使用;支票上未记载收款人名称的,经出票人授权,可以补记;支票上未记载付款地的,付款人的营业场所为付款地;支票上未记载出票地的,出票人的营业场所、住所或者经常居住地为出票地;出票人可以在支票上记载自己为收款人。

第三,银行应关注支票的付款金额受限于付款人实有的存款金额。《票据法》第八十七条规定,支票的出票人所签发的支票金额不得超过其付款时在付款人处实有的存款金额。这意味着,一方面出票人签发支票的金额应以付款人实有存款为基础,另一方面办理支票付款手续的银行也应该以付款人账户的实有存款数额为基础,银行尤其不能擅自超越付款人账户金额办理付款手续。如果出票人在付款人处的存款足以支付支票金额时,则付款人应当在当日足额付款,有关银行应该办理相关付款手续。

第四,银行应该慎重对待有关当事人对持票人提出付款抗辩主张。根据《票据法》第十二条规定,以欺诈、偷盗或者胁迫等手段取得票据的,或者明知有前列情形,出于恶意取得票据的,不得享有票据权利;持票人因重大过失取得不符合本法规定的票据的,也不得享有票据权利。根据该法第十三条规定,票据债务人不得以自己与出票人或者与持票人的前手之间的抗辩事由,对抗持票人。但是,持票人明知存在抗辩事由而取得票据的除外;票据债务人可以对不履行约定义务的与自己有直接债权债务关系的持票人,进行抗辩。《票据法》司法解释还进一步指出,票据债务人依照票据法第十二条、第十三条的规定,对持票人提出下列抗辩的,人民法院应予支持:与票据债务人有直接债权债务关系并且不履行约定义务的;以欺诈、偷盗或者胁迫等非法手段取得票据,或者明知有前列情形,出于恶意取得票据的;明知票据债务人与出票人或者与持票人的前手之间存在抗辩事由而取得票据的;因重大过失取得票据的;其他依法不得享有票据权利的。票据债务人依照《票据法》第九条、第十七条、第十八条、第二十二条和第三十一条的规定,对持票人提出下列抗辩的,人民法院应予支持:欠缺法定必要记载事项或者不符合法定格式的;超过票据权利时效的;人民法院作出的除权判决已经发生法律效力的;以背书方式取得但背书不连续的;其他依法不得享有票据权利的。此外,银行还应该关注支票的付款时间。根据《票据法》的规定,支票限于见票即付,不得另行记载付款日期;另行记载付款日期的,该记载无效;超过提示付款期限的,付款人可以不予付款;付款人不予付款的,出票人仍应当对持票人承担票据责任。

(资料来源:http://www.xzbu.com/3/view-758137.htm)

课后任务

一、目的

加强学生对各种银行票据的认知,熟练填写银行票据,掌握各种银行结算方式的办理。

二、要求及任务

许惠玲是广州市星辰体育用品有限责任公司出纳员,该企业开户行名称:中国工商银行大华支行,出票人账号:9082302687025198602。

要求：请你以许惠玲身份使用现金解款单、模拟支票等实训耗材完成以下经济业务单据填制。

(1) 2020 年 2 月 16 日，收到营业收入现金 5 298 元(52 张 100 元面额，1 张 50 元面额，1 张 20 元面额，2 张 10 元面额，1 张 5 元面额，3 张 1 元面额)，并将款项送存银行，请填写一张现金解款单，见图 4-17。

中国农业银行 AGRICULTURAL BANK OF CHINA　现金解款单

年　月　日　　　　传票号：

客户填写部分	收款人户名										
	收款人账号					收款人开户行					
	缴　款　人					款项来源					
	币　种(√)	人民币☑ / 外币：						万 千 百 十 元 角 分			
	券别	100 元	50 元	20 元	10 元	5 元	2 元	1 元			辅币(金额)
	张数										
银行电脑打印部分	日期：　　日志号：　　交易码：　　币种： 金额：　　终端号：　　主　管：　　柜员：										
	温馨提示：本部分内容只能由电脑打印，不能手工填写，请客户留意。										

制票：　　　　复核：

图 4-17　填制现金解款单

(2) 2020 年 10 月 8 日，从开户行提取现金 3 500 元以备零用，请填写一张现金支票，见图 4-18。

中国农业银行支票存根 (专)
CG 02 18545121
附加信息
出票日期　年　月　日
收款人：
金　额：
用　途：
单位主管　　会计

中国农业银行 支票 (专)　CG 02 18545121
出票日期(大写)　年　月　日　付款行名称：
收款人：　出票人账号：
本支票付款期限十天
人民币(大写)　亿 千 百 十 万 千 百 十 元 角 分
用途
上列款项请从
我账户内支付
出票人签章　　复核　记账

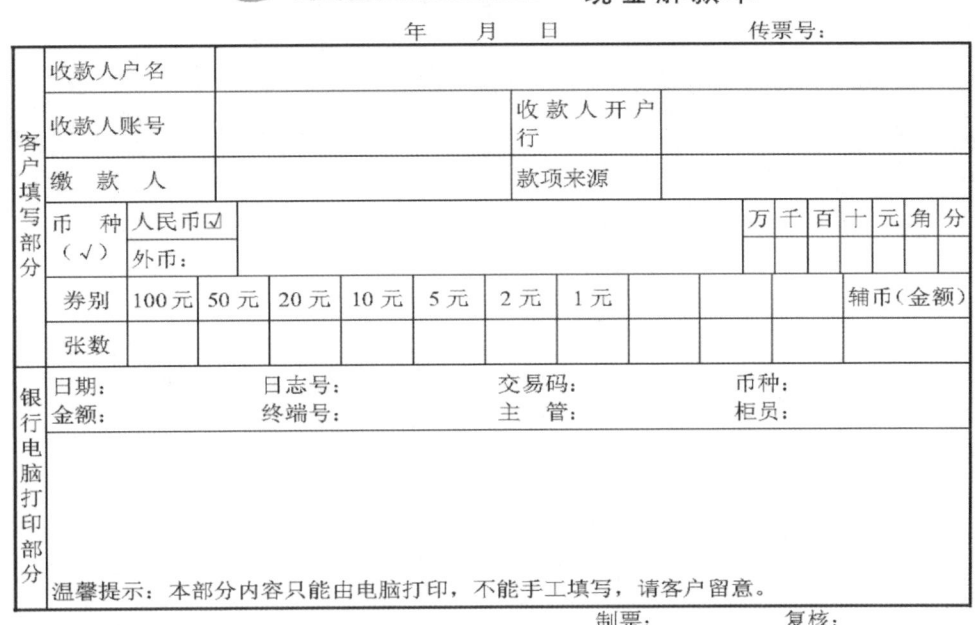

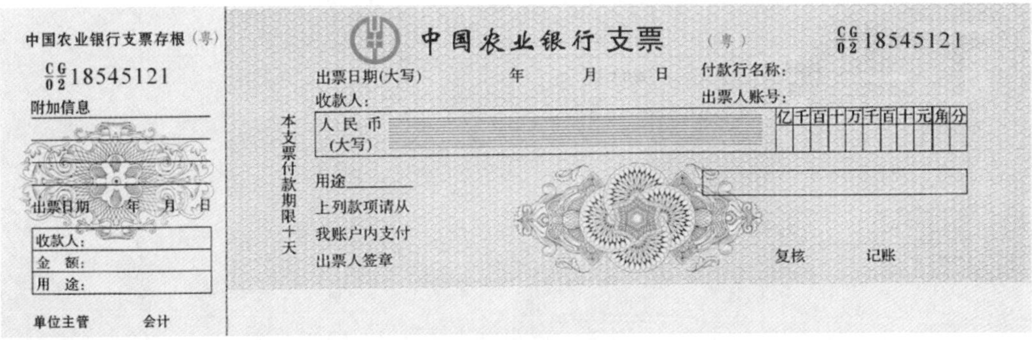

图 4-18　填制现金支票

（3）2020年12月6日，广州市星辰体育用品有限责任公司从广州市展鸿五金工厂购买材料，应付款项16 000元，开出一张转账支票用于支付货款，请填写一张转账支票，见图4-19。

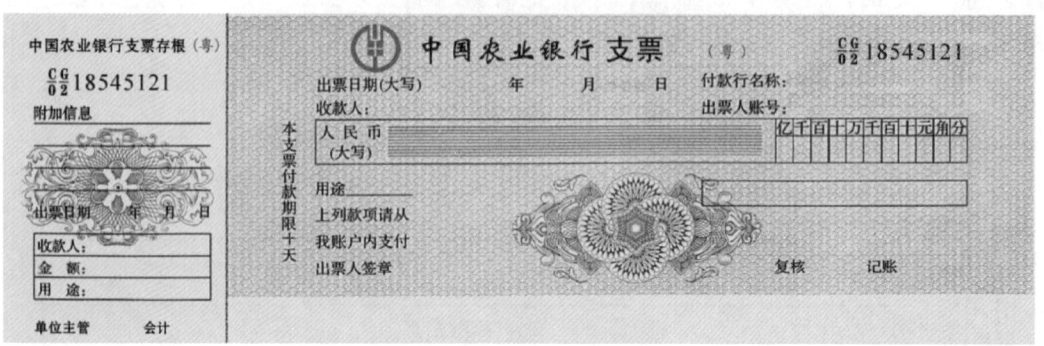

图4-19　填制转账支票

项目五　点钞与伪钞识别技能

学习目标

1. 知识目标
- 了解点钞的基本程序和要求
- 了解人民币及部分国家货币防伪特征
- 掌握各种手工点钞的方法
2. 能力目标
- 熟悉人民币假币识别方法
- 熟练各种手工点钞的技巧

案例导入

2017年12月3日,中国农业银行职员王东云登上央视一套"挑战不可能"舞台。她所挑战的项目是"听音点钞"。在挑战现场,她被蒙上眼睛,坐在两位冠军点钞员的中间。两位点钞员分别使用"单指单张"和"多指多张"的点钞手法在王东云的耳边快速点钞。所点钞票数量,由现场嘉宾随机给出,其他人谁也不知道数量是多少。"预备,开始!"哗哗哗、哗哗哗……当窸窸窣窣的点钞声突然停止的时候,她淡定又准确地报出了钞票的数量,"99、88!"真可谓"蒙眼点钞能识其中真假,听音计数两耳左右开弓"。这不是武侠小说里的场景,而是中国农业银行江苏省分行点钞技术能手王东云的真功夫。

任务一　点钞的基本知识与票币清点

一、点钞技术的产生和发展

点钞技术是随着货币的产生而产生的。我国于1933年开始大规模发行纸币并禁止银元流通,从此进入了使用纸币的新时代,点钞技术也开始在银行兴起。

改革开放以后,随着经济的发展,银行现金业务逐渐增多,各种点钞方法相继出现。到20世纪80年代,银行已逐步形成了具有自己特点的一套点钞方法。由于我国地域辽阔,各地自然流传的点钞方法很多,常用的有20多种。

点钞是指按照一定的方法查清票币的数额,即整理、清点钞票,使进出钞票的数量和质量得到保证,在银行泛指清点各种票币,又称票币整点。起初点钞是出纳岗位的一项专业技术,现在由于管理模式的变化,前台柜台均为综合柜员,没有出纳、会计、储蓄之分,那么这项技术也就要求每个前台柜员所有人员必须掌握的技能。即使在电子支付普及化的今天,点钞技术仍然是财务和金融业务人员的必备技能。

二、票币清点的基本程序

(一)点钞的基本程序

点钞的基本步骤为:拆把 → 点数 → 扎把 → 盖章。

(1)拆把:把待点成把钞票的封条拆掉。

(2)点数:手点钞,脑记数,点准100张。

(3)扎把:把点准的100张钞票墩齐,用腰条扎紧。

(4)盖章:在扎好的钞票的腰条上加盖经办人名章,以明确责任。

(二)点钞的基本要求

(1)坐姿端正。点钞的坐姿会直接影响点钞技术的发挥和提高。正确的坐姿应该是直腰挺胸,身体自然,肌肉放松,双肘自然放在桌上,持票的左手腕部接触桌面,右手腕部稍抬起,整点货币轻松持久,活动自如。

(2)操作定型,用品定位。点钞时使用的印泥、图章、水盒、腰条等要按使用顺序固定位置放好,以便点钞时使用顺手。

(3)点数准确。点钞技术关键是一个"准"字,清点和记数的准确是点钞的基本要求。点数准确一要精神集中,二要定型操作,三要手点、脑记,手、眼、脑紧密配合。

(4)钞票墩齐。钞票点好后必须墩齐后(四条边水平,不露头,卷角拉平)才能扎把。

(5)扎把捆紧。扎小把,以提起把中第一张钞票不被抽出为准。按"#"字形捆扎的大捆,以用力推不变型,抽不出票把为准。

(6)盖章清晰。腰条上的名章,是分清责任的标志,每个人整点后都要盖章,图章要清晰可辨。

(7)动作连贯。动作连贯是保证点钞质量和提高效率的必要条件,点钞过程的各个环节(拆把、点数、扎把、盖章)必须密切配合,环环相扣。清点中双手动作要协调,速度要均匀,要减少不必要的动作。

(三)整理的要求

在人民币的收付和整点中,要把混乱不齐、折损不一的钞票进行整理,使之整齐美观,具体要求口诀如下。

(1) 平铺整齐,边角无折;同券一起,不能混淆。

(2) 券面同向,不能颠倒;验查真伪,去伪存真。

(3) 剔除残币,完残分放;百张一把,十把一捆。

(4) 扎把捆捆,经办盖章;清点结账,复核入库。

任务二 | 手工点钞方法

点钞方法有手工点钞和机器点钞两种。手工点钞,根据持票姿势不同,又可划分为手持式点钞法和手按式点钞法。

一、手持式点钞法

手持式点钞方法,根据指法不同又可分为单指单张、多指多张、扇面式点钞法3种。

(一) 单指单张点钞法

用一个手指一次点一张的方法叫单指单张点钞法,这种方法是点钞中最基本也是最常用的一种方法,使用范围较广、频率较高,适用于收付款和整点各种新旧、大小不同的钞票。这种点钞方法的优点是持票面小,能看到票面的四分之三,容易发现假钞票及残破票;缺点是点一张记一个数,比较费力。具体操作方法如下。

1. 持币

左手横执钞票,下面朝向身体,左手拇指在钞票正面左端约四分之一处,食指与中指在钞票背面与拇指同时捏住钞票,无名指与小指自然弯曲并伸向票前左下方,与中指夹紧钞票,食指伸直,拇指向上移动,按住钞票侧面,将钞票压成瓦形,左手将钞票从桌面上擦过,拇指顺势将钞票向上翻成微开的扇形,同时,右手拇指、食指作点钞准备。其持币手势见图5-1至图5-3。

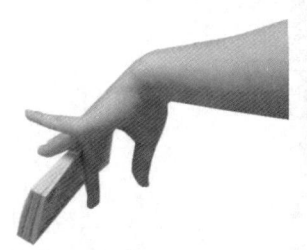

图5-1 持币(1)

图5-2 持币(2)

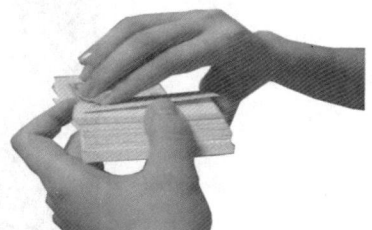

图5-3 持币(3)

2. 清点

左手持钞并形成瓦形后,右手食指托住钞票背面右上角,用拇指尖逐张向下捻动钞票右上角,捻动幅度要小,不要抬得过高。食指在钞票背面的右端配合拇指捻动,左手拇指按捏钞票不要过紧,要配合右手起自然助推的作用。右手的无名指将捻起的钞票向里弹,要注意轻点快弹。

3. 记数

记数与清点同时进行。在点数速度快的情况下,往往由于记数迟缓而影响点钞的效率,因此记数应该采用分组记数法,把10作1记,如"1,2,3,4,5,6,7,8,9,1(即10),1,2,3,4,5,6,7,8,9,2(即20)",以此类推,数到"1,2,3,4,5,6,7,8,9,10(即100)"。这种记数法记数既简单快捷、省力好记。记数时应默记,不要念出声,做到脑、眼、手密切配合,既准又快。其操作见图5-4。

图5-4 手持式单指单张点钞法

(二) 多指多张点钞法

一指同时点两张或两张以上的方法叫多指多张点钞法。它适用于收付款和不同券别的整点工作。多指多张点钞法优点是记数简单省力,效率高;缺点是在一指捻几张时,由于不能看到中间几张的全部票面,所以假钞和残破票不易发现。这种点钞法除了记数和清点外,其他要点均与单指单张点钞法相同,见图5-5。

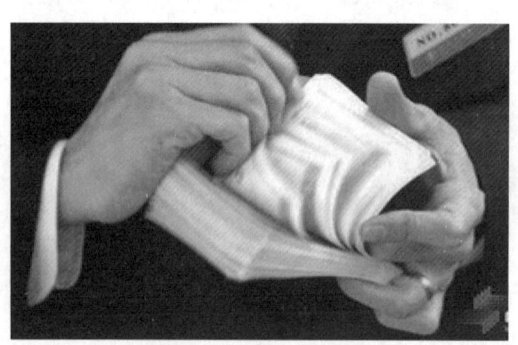

图5-5 多指多张点钞法

(1) 持币手法同单指单张点钞法。

(2) 清点时,右手食指放在钞票背面右上角,拇指肚放在正面右上角,拇指尖超出票面,用拇指肚先捻钞。单指双张点钞法:拇指肚先捻第一张,拇指尖捻第二张。多指多张点钞法:拇指用力要均衡,捻的幅度不要太大,食指、中指在票后面配合捻动,拇指捻张,无名指向里弹。在右手拇指往下捻动的同时,左手拇指稍抬,使票面拱起,从侧边分层错开,便于看清张数,左手拇指往下拨钞票,右手拇指抬起让钞票下落,左手拇指在拨钞的同时下按其余钞票,左右两手拇指一起一落协调动作,如此循环,直至点完。

(3) 采用分组记数法,如两张为一组记一个数,每50组就是100张。

(三) 扇面式点钞法

将钞票捻成扇面状进行清点的方法叫扇面式点钞法。这种方法的优点是点钞速度快、是手工点钞中效率最高的一种。缺点是这种方法只适合清点新票币,不适于清点新、旧、破币混合在一起的钞票。

(1) 持钞。竖拿钞票,左手拇指在票前下部中间票面约四分之一处。食指、中指在票后同拇指一起捏住钞票,无名指和小指拳向手心。右手拇指在左手拇指的上端,用虎口从右侧卡住钞票成瓦形,食指、中指、无名指、小指均横在钞票背面,做开扇准备。

(2) 开扇。开扇是扇面点钞的一个重要环节,扇面要开的均匀,为点数打好基础。以左手为轴,右手食指将钞票向胸前左下方压弯,然后再猛向右方闪动,同时右手拇指在票前向左上方推动钞票,食指、中指在票后面用力向右捻动,左手指在钞票原位置向逆时针方向画弧捻动,食指、中指在票后面用力向左上方捻动,右手手指逐步向下移动,至右下角时即可将钞票推成扇面形。如有不均匀地方,可双手持钞抖动,使其均匀。打扇面时,左右两手一定要配合协调,不要将钞票捏得过紧,如果点钞时采取一按10张的方法,扇面要开小些,便于点清。

(3) 点数。左手持扇面,右手中指、无名指、小指托住钞票背面,拇指在钞票右上角1 cm处,一次按下5张或10张;按下后用食指压住,拇指继续向前按第二次,以此类推,同时左手应随右手点数速度向内转动扇面,以迎合右手按动,直到点完100张为止。

(4) 记数。采用分组记数法,如一次按5张为一组,记满20组为100张;一次按10张为一组,记满10组为100张,见图5-6。

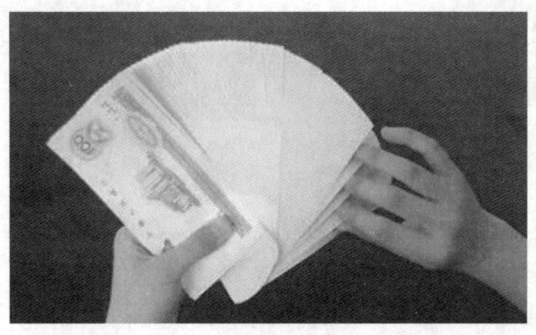

图5-6 手持式扇面式点钞法

(5) 合扇。清点完毕合扇时,将左手向右倒,右手托住钞票右侧向左合拢,左右手指向中间一起用力,使钞票竖立在桌面上,两手松拢轻墩,把钞票墩齐,准备扎把。

二、手按式点钞法

手按式点钞法是一种应用较广的点钞方法,可分为单指单张和多指多张点钞法。

(一) 单指单张点钞法

单指单张点钞法适用于收付款和整点各种新旧、大小不同的钞票,尤其适用于不足100张零票的整点。由于使用这种点钞方法看到的票面较大,便于挑剔损伤券,因此,在整点辅币及残破券多的钞票时,常用此法。

(1) 放票。把钞票横放在桌面上,并正面对着身体;用左手小指与无名指按住钞票的左上角三分之一至二分之一处并压紧钞纸,右手拇指托起右下角的部分钞票,见图5-7和图5-8。

图5-7 放票(1)

图5-8 放票(2)

(2) 点钞。用右手食指捻动钞票,其余手指自然弯曲,每捻起一张,左手拇指变向上推动,送到左手食指与中指之间夹住,这样就完成了一次点钞动作,见图5-9和图5-10。

图5-9 点钞(1)

图5-10 点钞(2)

如此反复,至点完为止。采用这种方法点钞时,右手拇指托起的钞票不要太多,也不能太少,否则都会影响清点速度,一般约25～30张左右为宜。

(3) 记数方法。点一张,默记一张,记法为:1、2、3、…10;2、2、3、…10;3、2、3、…10;…。

(二) 多指多张点钞法

这种点钞法与单指单张点钞法的步骤相同,所不同的是参与捻动纸钞的手指与记数的操作方法,常见的包括两指两张、三指三张与四指四张点钞法。其优点是适用于收付和整点多种新旧主币、角币,优点在于速度快;缺点是除了第一张外,其余各张所能看到的票面较少,不宜点残破券多的钞票。

实际工作中较常采用的是三指三张和四指四张点钞法,下面介绍手按式三指三张和四指四张点钞法的点钞过程与计数方法(两指两张点钞法参与捻动纸钞的是食指和中指,而记数则是2张为1组,共计50组)。

(1) 放票。把钞票横放在桌面上,并正面对着身体;用左手小指与无名指按住钞票的左上角三分之一至二分之一处并压紧钞纸,右手拇指托起右下角的部分钞票。

(2) 点钞。三指三张点钞是右手无名指先捻动第一张,随即以中指、食指依次各捻起一张,见图5-11和图5-12。四指四张点钞是先用小指捻起第一张,随后无名指、中指、食指依次各捻起一张,捻起的四张钞票用左手拇指向上推送到左手的食指和中指间卡住,点数时注意手指不宜抬得过高,见图5-13所示。

图 5-11 点钞(1)

图 5-12 点钞(2)

图 5-13 点钞(3)

(3) 记数。采用分组记数法记数,三张点钞以每三张为一组,数到33组最后剩一张,就是100张;四张点钞是以每四张为一组,数到25组就是100张。

任务三 | 机器点钞与捆扎技术

机器点钞就是使用点钞机点钞以代替手工点钞。机器点钞代替手工点钞,对提高工作效率、减轻点钞人员劳动强度、改善柜员服务态度、加速资金周转都有积极的作用。机器点钞已成为银行出纳点钞的主要方法。

一、点钞前的准备工作

1. 放置好点钞机

点钞机放置在点钞员的正前方,距离胸前约 30 厘米左右。柜员收付款时也可将点钞机放在点钞桌内,桌子台面上用玻璃台板,以便看清数字和机器运转情况。

2. 放置好钞券和工具

机器点钞是连续作业且速度较快,因此清点的钞券和操作的用具摆放位置应固定。未点的钞券放在机器右侧,按大小票面顺序排列,不可大小夹杂排列。已复点的钞券放在机器左侧,腰条纸应横放在点钞机前面即靠点钞员胸前的一侧,其他各种用具放置要适当、便于取放。

3. 试机

检查各机件是否完好,打开电源,检查捻钞轮、传送带、接钞台运行是否正常;灯泡、数码管显示是否正常。调试下钞斗,松紧螺母,通常以壹元券为准,调到不松、不紧、不夹、不阻塞为宜。调试时,手持一张壹元券放入下钞斗,捻钞轮将券一捻住,马上用手抽出,以捻得动、抽得出为宜,见图 5-14。

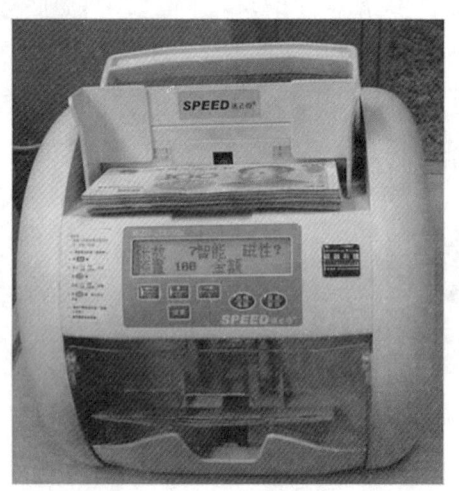

图 5-14 机器点钞

调整好点钞机后,检查机器转速是否均匀,下钞是否流畅、均匀,点钞是否准确,落钞是否整齐。若传送带上钞券排列不均匀,说明下钞速度不均,要检查原因或调节下钞斗底部的垂直螺丝;若出现不整齐、票面歪斜现象,说明下钞斗与两边的捻钞轮相距不均匀,往往造成距离近的一边下钞慢,钞券一端向送钞台倾斜,传送带上钞券呈一斜面排列。这样应将下钞斗两边的螺丝进行微调,直到调好为止。

二、点钞机操作程序

点钞机的操作程序与手工点钞操作程序基本相同。

1. 持票拆把

用右手从机器右侧拿起钞券,右手钞券横执,拇指与中指、无名指、小指分别捏住钞券两侧,拇指在里侧、其余三指在外侧,将钞券横捏成瓦形,中指在中间自然弯曲;然后用左手将腰条纸抽出,右手将钞券速移到下钞斗上面,用右手拇指和食指捏住钞券上侧,中指、无名指、小指松开,使钞券弹回原处并自然形成微扇面,这样即可将钞券放入下钞斗。

2. 点数

轻轻地将钞券放入下钞斗,钞券经下钞斗通过捻钞轮自然下滑到传送带,落到接钞台。下钞时,点钞员眼睛要注意传送带上的钞券面额,看钞券是否夹有其他票券、损伤券、假钞等,同时要观察数码显示情况。拆下的封条纸先放在桌子一边不要丢掉,以便查错使用。

3. 记数

当下钞斗和传送带上的钞券下张完毕时,要查看数码显示是否为"100"。如显示的数字不为"100",必须重新复点。如经复点仍是原数,又无其他不正常因素时,说明该把钞券张数有误,即应将钞券连同原腰条纸一起用新的腰条纸扎好,并在新的腰条纸封写上差错张数,另作处理。一把点完,计数为百张,即可扎把。扎把时,左手拇指在钞券上面,手掌向上,将钞券从接钞台里拿出,把钞券墩齐后进行扎把。

4. 盖章

复点完全部钞券后,点钞员要逐把盖好签名章。盖章时要做到先轻后重、印迹清晰。

机器点钞速度快,要求两手动作要协调,各个环节要紧凑,下钞、拿钞、扎把等动作要连贯,当右手将一把钞券放入下钞斗后,马上拆开第二把,准备下钞,眼睛注意观察传送带上的钞券。当传送带上最后一张钞券落到接钞台后,应迅速将钞券拿出,同时将第二把钞券放入下钞斗,然后对第一把钞券进行扎把,扎把时仍应注意观察传送带上的钞券。当左手将第一把钞券放在机器左侧的同时,右手从机器右侧拿起的第三把钞券作好下钞准备,左手顺势抹掉第一把的腰条纸后,迅速从接钞台上的取出第二把钞券进行扎把。按照这样的顺序连续作业,可以提高点钞质量和效率。在连续点钞的过程中,须注意以下问题。

第一,原把腰条纸要顺序更换,不得将前把与后把腰条纸混淆,以分清责任。

第二,钞券进入接钞台后,取钞时必须取净,然后再放入另一把钞券,防止串把。

第三,如发现钞券把内有其他券种或损伤券、假币时,应随时挑出,处理完毕后补上完整券后才能扎把。

机器点钞连续操作,归纳起来要做到下面"五个二"。

二看:看清跑道票面、看准计数。

二清:券别、把数分清、接钞台取清。

二防:防留张、防机器吃钞。

二复:发现钞券有裂缝和夹带纸片要复、计数不准时要复。

三、捆扎技术

点钞完毕后需要对所点钞票进行扎把,通常是100张捆扎成一把。判断捆扎合格的标准是拎起一把钞票的第一张,若不能被抽出,是为合格。扎把方法通常分为缠绕式和扭结式两种方法。

(一)缠绕式捆扎

柜员收款常采用此种方法,需使用耗材为牛皮纸腰条,其具体操作方法如下。

(1) 将点过的钞票按每100张为1沓墩齐。

(2) 左手从长的方向拦腰握着钞票,使之成为瓦状(瓦状的幅度影响扎钞的松紧,在捆扎中幅度不变),见图5-15。

图 5-15 持币　　　　　图 5-16 缠绕　　　　　图 5-17 捆扎

(3) 右手握着腰条头将其从钞票的长的方向夹入钞票的中间,从凹面开始绕钞票两圈,见图5-16。

(4) 在翻到钞票原转角处将腰条向右折叠90度,将腰条头绕捆在钞票的腰条上,转两圈后打结,见图5-17。

(5) 整理钞票。

(二)扭结式捆扎

考核、比赛时常采用此种方法,需使用耗材为绵纸腰条,其具体操作方法如下。

(1) 将点过的钞票按每100张为1沓墩齐。

(2) 左手握钞,使之成为瓦状。

(3) 右手将腰条从钞票凸面放置,将两腰条头绕到凹面,左手食指、拇指分别按住腰条与钞票厚度交界处。

(4) 右手拇指、食指夹住其中一端腰条头,中指、无名指夹住另一端腰条头,并合在一起,右手顺时针转180度后,左手逆时针转180度,将拇指和食指夹住的一头从腰条与钞票之间绕过、打结后完成捆扎。

任务四 人民币防伪识别

一、人民币简介

人民币是由中国人民银行依法发行的货币,包括纸币和硬币。人民币单位为元(圆),缩写为"RMB",其辅币单位是角和分。从 1948 年 12 月 1 日至今,我国先后共发行过五套人民币。目前,正在使用的第五套人民币是由中国人民银行于 1999 年 10 月 1 日开始发行,市面流行的主要是以 2005 年发行的第五套人民币。第五套人民币设计的币面面额有 100 元、50 元、20 元、10 元、5 元、1 元共 6 种纸币及 1 元、5 角和 1 角共 3 种硬币。

在设计上,第五套人民币有了大胆地创新,比如在保持鲜明的民族特色的同时,取消了传统设计中以花边、花球为边框的设计形式,整个票面呈开放式结构,增大了防伪设计空间;突出了人物头像和面额数字并增强了防伪功能;整套人民币在相邻券别上采用冷暖交替的主景色调(100 元、50 元、20 元、10 元券的主景颜色分别为红、绿、棕、蓝),给人焕然一新的感觉。尤其值得注意的是,第五套人民币采用的防伪技术无论是数量、质量还是总体防伪效果,均有根本性的提高,同时还注重了人民币机读性能的加强。在继续保持旧版人民币中具有良好效果的防伪措施(手工雕刻人物头像、胶凹印接线印刷、胶印对印等)同时,第五套人民币还采用了几项新增加的或在已有技术基础上有所提高的防伪技术。

二、人民币防伪识别技巧

(一) 一看

(1) 看水印。第五套人民币各券别纸币的固定水印位于各券别纸币票面正面左侧的空白处,迎光透视,可以看到立体感很强的水印。100 元、50 元纸币的固定水印为毛泽东头像图案。20 元、10 元、5 元纸币的固定水印为花卉图案。

(2) 看安全线。第五套人民币纸币在各券别票面正面中间偏左,均有一条安全线。100 元、50 元纸币的安全线,迎光透视,分别可以看到缩微文字"RMB100""RMB50"的微小文字,仪器检测均有磁性。20 元纸币迎光透视,是一条明暗相间的安全线。10 元、5 元纸币安全线为全息磁性开窗式安全线,即安全线局部埋入纸张中,局部裸露在纸面上,开窗部分可以看到由微缩字符"￥10""￥5"组成的全息图案,仪器检测有磁性。

(3) 看光变油墨。第五套人民币 100 元和 50 元纸币正面左下方的面额数字采用光变墨印刷。将垂直观察的票面倾斜到一定角度时,100 元纸币的面额数字会由绿色变为蓝色;50 元券的面额数字则会由金色变为绿色。

(4) 看票面图案是否清晰，色彩是否鲜艳，对接图案是否可以对接上。第五套人民币纸币的阴阳互补对印图案应用于 100 元、50 元和 10 元纸币中。这三种券别的正面左下方和背面右下方都印有一个圆形局部图案。迎光透视可以看到两幅图案可以准确对接，组合成一个完整的古钱币图案。

(5) 用 5 倍以上放大镜观察票面，检查图案线条、缩微文字是否清晰干净。第五套人民币纸币各券别正面胶印图案中，多处均印有微缩文字，20 元纸币背面也有该防伪措施。100 元微缩文字为"100"和"RMB100"；50 元为"50"和"RMB50"；20 元为"20"和"RMB20"；10 元为"10"和"RMB10"；5 元为"5"和"RMB5"。

（二）二摸

(1) 摸人像、盲文点、中国人民银行行名等处是否有凹凸感。第五套人民币纸币各券别正面主景均为毛泽东头像，采用手工雕刻凹版印刷工艺，形象逼真、传神，凹凸感强，易于识别。

(2) 摸纸币是否薄厚适中，挺括度好。

（三）三听

通过抖动钞票使其发出声响，根据声音来分辨真伪。人民币的纸张，具有挺括、耐折、不易撕裂的特点。手持钞票用力抖动、手指轻弹或两手一张一弛轻轻对称拉动，能听到清脆响亮的声音。

（四）四测

借助工具和专用的仪器来分辨人民币真伪，如借助放大镜可以观察票面线条清晰度、胶印、凹印缩微文字等；用紫外灯光照射票面，可以观察钞票纸张和油墨的荧光反应；用磁性检测仪可以检测黑色横号码的磁性。

三、2005 版第五套人民币的主要特征

（一）调整防伪特征布局

2005 版第五套人民币 100 元、50 元纸币正面左下角胶印对印图案调整到主景图案左侧中间处，光变油墨面额数字左移至原胶印对印图案处，背面右下角胶印对印图案调整到主景图案右侧中间处。

（二）调整防伪特征

(1) 隐形面额数字：2005 版第五套人民币各券别纸币的隐形面额数字观察角度有所调整。2005 版第五套人民币各券别纸币正面右上方有一装饰性图案，将票面置于与眼睛接近平行的位置，面对光源做上下倾斜晃动，分别可以看到面额数字字样。

(2) 全息磁性开窗安全线：100 元、50 元、20 元纸币将原磁性缩微文字安全线改为全息磁性开窗安全线。100 元、50 元纸币背面中间偏右，有一条开窗安全线，开窗部分分别可以看到由缩微字符"￥100""￥50"组成的全息图案。20 元纸币正面中间偏左，有

一条开窗安全线,开窗部分可以看到由缩微字符"￥20"组成的全息图案。

(3) 双色异形横号码:100元、50元纸币将原横竖双号码改为双色异形横号码。正面左下角印有双色异形横号码,左侧部分为暗红色,右侧部分为黑色,字符由中间向左右两边逐渐变小。

(4) 雕刻凹版印刷:20元纸币背面主景图案的桂林山水图案、面额数字、汉语拼音行名、民族文字、年号、行长章等均采用雕刻凹版印刷,有明显凹凸触感。

(三) 增加防伪特征

(1) 白水印:100元、50元纸币位于正面双色异形横号码下方;20元纸币位于正面双色横号码下方,迎光透视可以分别看到透光性很强的水印面额数字字样。

(2) 凹印手感线:各券别纸币正面主景图案右侧,有一组自上而下规则排列的线纹,采用雕刻凹版印刷工艺印制,有极强的凹凸触感。

(3) 阴阳互补对印图案:20元纸币正面左下角和背面右下角均有一圆形局部图案,迎光透视,可以看到正背面的局部图案合并为一个完整的古钱币图案。

(4) 各券别纸币背面主景图案下方的面额数字后面,增加人民币单位的汉语拼音"YUAN";时间改为"2005年"。

(5) 取消各券别纸币纸张中的红蓝彩色纤维。第五套人民币1角硬币材质由铝合金改为不锈钢,色泽为钢白色。其正背面图案、规格、外形与现行流通的第五套人民币1角硬币相同,即正面为"中国人民银行""1角"和汉语拼音字母"YIJIAO"及年号,背面为兰花图案及中国人民银行的汉语拼音字母,直径为19毫米。

四、人民币主要防伪特征图示

2005版第五套人民币部分币值防伪特征见图5-18至图5-23。

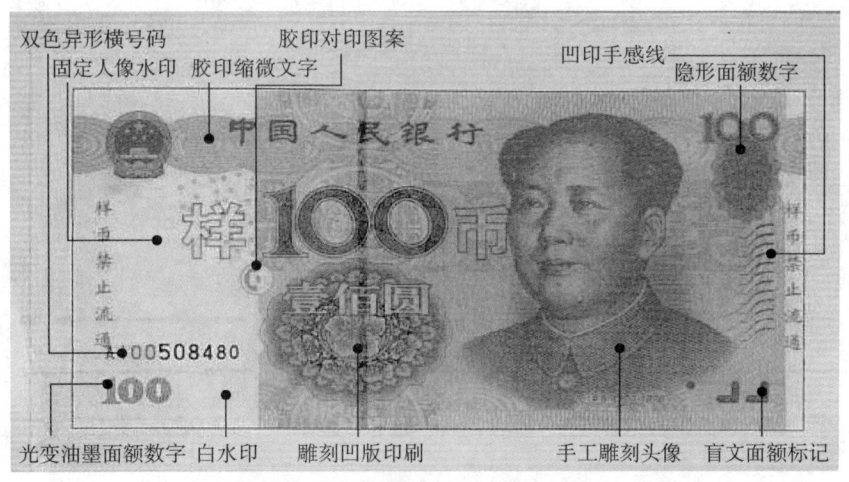

图5-18　2005版100元券正面防伪特征示意图

图 5-19　2005 版 100 元券背面防伪特征示意图

图 5-20　2005 版 50 元券正、背面防伪特征示意图

图 5-21 2005 版 20 元券正、背面防伪特征示意图

图 5-22 2005 版 10 元券正、背面防伪特征示意图

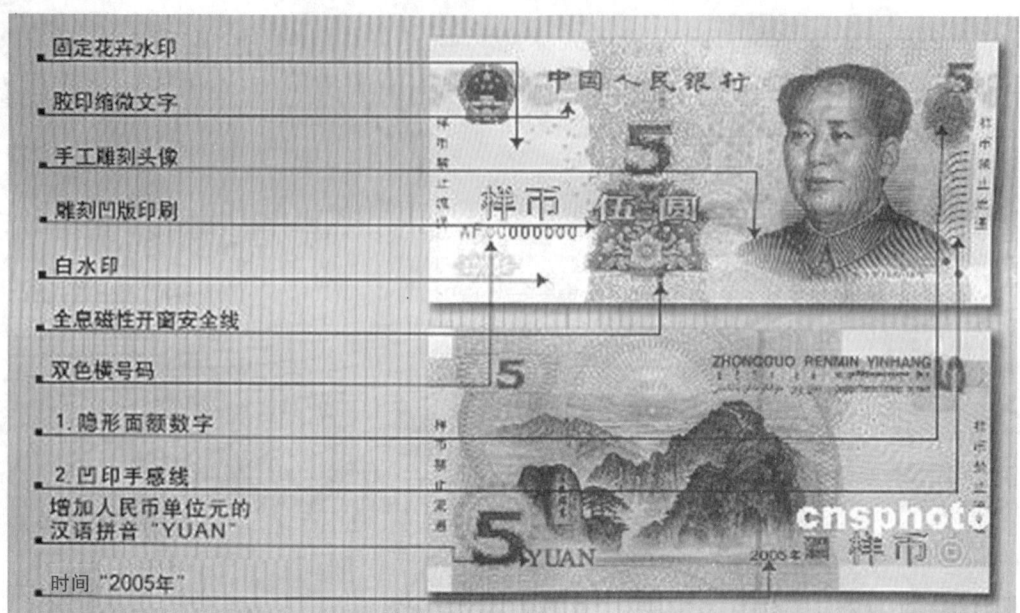

图 5-23　2005 版 5 元券正、背面防伪特征示意图

2005 版第五套人民币各币值真假人民币局部对比见图 5-24 至图 5-27。

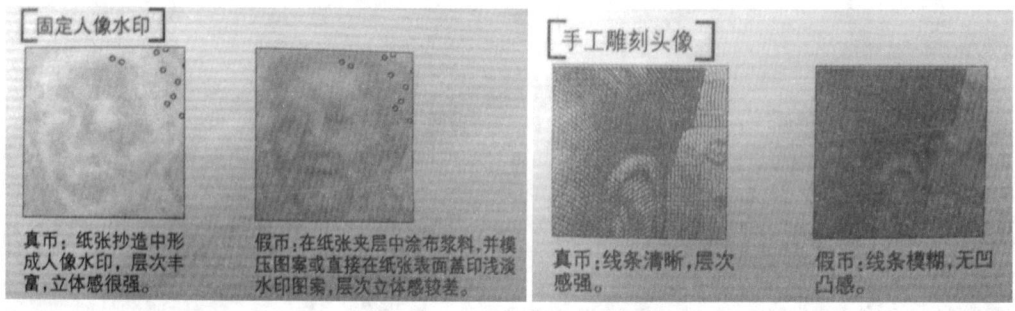

图 5-24　100 元真假人民币局部对比图(1)

图 5-25　100 元真假人民币局部对比图(2)

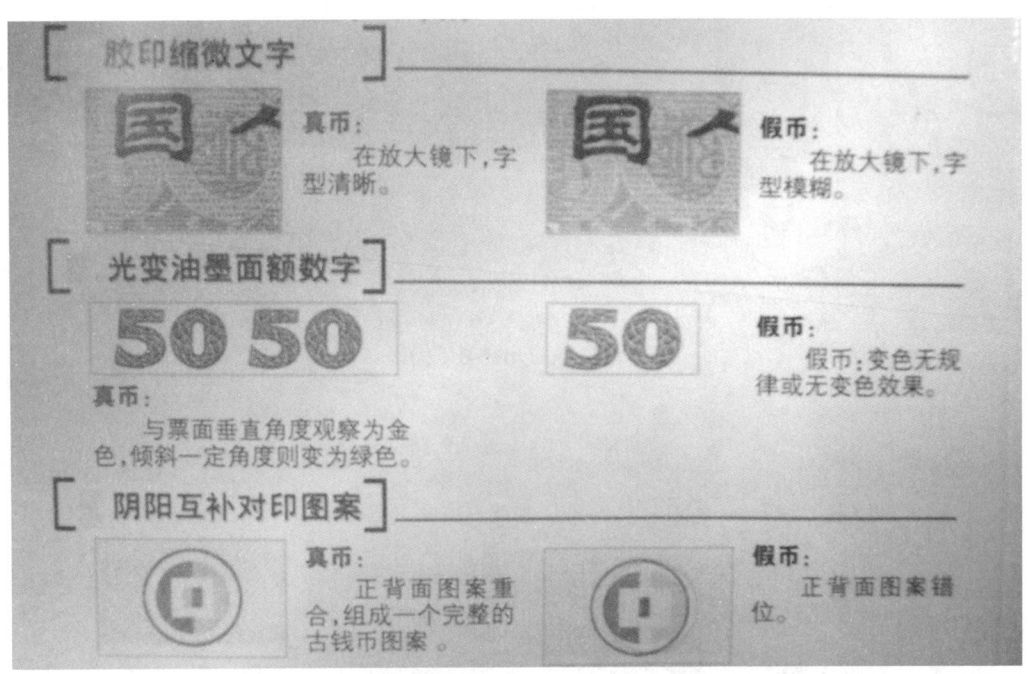

图 5-26　50 元真假人民币局部对比图

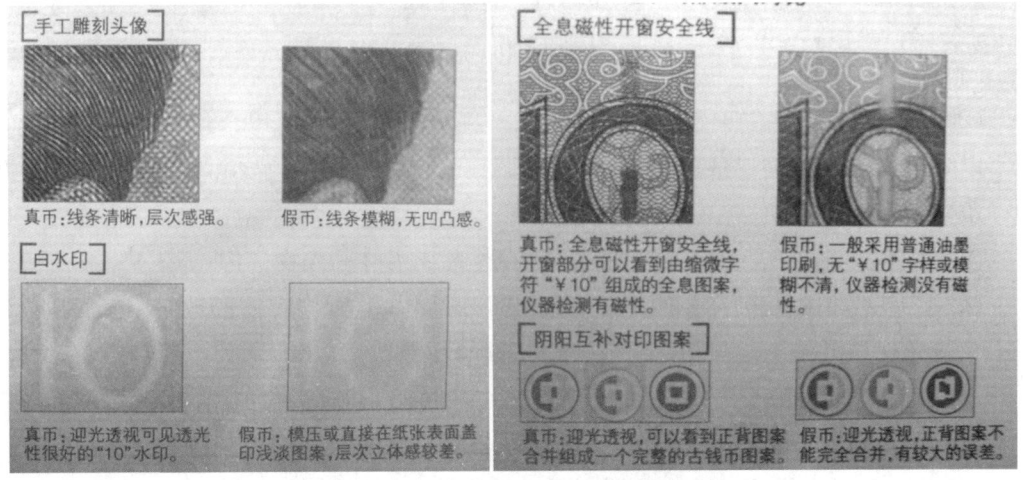

图 5-27　10 元真假人民币局部对比图

五、2015 版第五套人民币 100 元纸币防伪特征

2015 版第五套人民币 100 元纸币防伪特征可见图 5-28。

（1）光变镂空开窗安全线位于票面正面右侧。垂直票面观察，安全线呈品红色；与票面成一定角度观察，安全线呈绿色；透光观察，可见安全线中正反交替排列镂空文字"￥100"。

图 5-28　2015 版 100 元的防伪标识

（2）光彩光变数字位于票面正面中部。垂直票面观察，数字以金色为主；平视观察，数字以绿色为主。随着观察角度的改变，数字颜色在金色和绿色之间交替变化，并可见到一条亮光带上下滚动。

（3）人像水印位于票面正面左侧空白处，透光观察可见人物头像。

（4）胶印对印图案位于票面正面左下方，和背面右下方均有面额数字"100"的局部图案。透光观察可见正背面图案组成一个完整的面额数字"100"。

（5）横竖双号码位于票面正面左下方，采用横号码，其冠字和前两位数字为暗红色，后六位数字为黑色。票面正面右侧采用竖号码，其冠字和数字均为蓝色。

（6）白水印位于票面正面横号码下方。透光观察，可见水印面额数字"100"。

（7）雕刻凹印位于票面正面毛泽东头像、"中国人民银行"行名、国徽、右上角面额数字、盲文及票面背面人民大会堂处，用手指触摸有明显的凹凸感。

六、2019 版第五套人民币部分币别防伪特征介绍

中国人民银行于 2019 年 8 月 30 日起发行 2019 版第五套人民币 50 元、20 元、10 元、1 元纸币和 1 元、5 角、1 角硬币。

(一) 纸币特征

2019版第五套人民币的50元、20元、10元、1元纸币分别保持2005版第五套人民币50元、20元、10元纸币和1999版第五套人民币1元纸币规格、主图案、主色调、行名、国徽、盲文面额标记、汉语拼音行名、民族文字等要素不变,提高了票面色彩鲜亮度,优化了票面结构层次与效果,提升了整体防伪性能。2019版第五套人民币50元、20元、10元、1元纸币调整正面毛泽东头像、装饰团花、横号码、背面主景和正、背面面额数字的样式,增加正面左侧装饰纹样,取消正面右侧凹印手感线和背面右下角局部图案,票面时间改为"2019年"。

1. 50元纸币特征

50元纸币正面中部面额数字调整为光彩光变面额数字"50",左下角光变油墨面额数字调整为胶印对印图案,右侧增加动感光变镂空开窗安全线和竖号码,背面取消全息磁性开窗安全线。50元纸币样币见图5-29。

(正面)

(背面)

图5-29 2019版50元纸币样币

2. 20元、10元纸币特征

20元、10元纸币正面中部面额数字分别调整为光彩光变面额数字"20""10",取消全息磁性开窗安全线,调整左侧胶印对印图案,右侧增加光变镂空开窗安全线和竖号码。20元、10元纸币样币见图5-30和图5-31。

(正面)

(背面)

图 5-30　2019 版 20 元纸币样币

(正面)

(背面)

图 5-31　2019 版 10 元纸币样币

3. 1 元纸币

1 元纸币正面左侧增加面额数字白水印,取消左下角装饰纹样。1 元纸币样币见图 5-32。

(正面)

(背面)

图 5-32　2019 版 1 元纸币样币

(二) 硬币特征

2019 版第五套人民币 1 元、5 角、1 角硬币分别保持 1999 版第五套人民币 1 元、5 角硬币和 2005 版第五套人民币 1 角硬币外形、外缘特征、行名、汉语拼音面额、人民币单位、花卉图案、汉语拼音行名等要素不变,调整了正面面额数字的造型,背面花卉图案适当收缩。

1. 1 元硬币特征

1 元硬币直径由 25 毫米调整为 22.25 毫米;正面面额数字"1"轮廓线内增加隐形图文"￥"和"1",边部增加圆点;材质保持不变。1 元硬币样币见图 5-33。

(正面)　　　(背面)

图 5-33　2019 版 1 元硬币样币

2. 5角硬币特征

5角硬币材质由钢芯镀铜合金改为钢芯镀镍合金，色泽由金黄色改为镍白色；正背面内周缘由圆形调整为多边形，直径保持不变。5角硬币样币见图5-34。

（正面）　　　（背面）

图 5-34　2019 版 5 角硬币样币

3. 1角硬币

1角硬币正面边部增加圆点，直径和材质保持不变。1角硬币样币见图5-35。

（正面）　　（背面）

图 5-35　2019 版 1 角硬币样币

任务五　外币防伪识别

一、美元防伪识别

（一）美元知识

美元的发行权属于美国联邦储备银行发行。国际标准化组织制定的美元货币符号为"$"。辅币进位为1美元等于100美分。2019年10月11日，1美元可兑换人民币约7.10元。目前，流通的纸币面额有1、2、5、10、20、50、100美元，以前曾发行过500、1 000和10 000美元的大面额钞票，现在已不再流通。铸币有1、5、10、25、50美分和1美元。美元部分样币见图5-36。

（二）美元纸币的防伪特征

（1）专用纸张。美元的纸张主要是由棉、麻纤维抄造而成。纸张坚韧、挺括，在紫外光下无荧光反应。

（2）固定人像水印。1996版美元纸张加入了与票面人物头像图案相同的水印。

（3）红、蓝彩色纤维。从1885版起，美元纸张中加入了红色、蓝纤维丝。从1885版

图 5-36 美元样币(部分)

到 1928 版美元的红、蓝彩色纤维是采用定向施放的,即红、蓝纤维丝分布在钞票的正中间,由上至下形成两条狭长条带。1929 版及以后各版中的红、蓝彩色纤维丝则随机分布在整张钞票中。

(4)文字安全线。从 1990 版起,5 美元至 100 美元各面额纸币的纸张中加入了一条全埋文字安全线。安全线上印有"USA"及阿拉伯或英文单词面额数字字样。1996 版 50、20 美元安全线上还增加了美国国旗图案。1996 版美元的安全线还有荧光安全线,在紫外光下呈现出不同的颜色。100、50、20、10、5 美元安全线颜色分别为红、黄、绿、棕和蓝色。

(5)雕刻凹版印刷。美元人像、建筑、边框及面额数字等均采用雕刻凹版印刷,用手触摸有明显的凹凸感。1996 版美元的人像尺寸加大,形象也更加生动。

(6)凸版印刷。美元纸币上的库印和冠字号码是采用凸版印刷的,在钞票背面的相应部位用手触摸有凹凸感。

(7) 细线印刷。1996 版美元在正面人像的背景和背面建筑的背景采用细线设计，有很强的防复印效果。

(8) 凹印缩微文字。从 1990 版起，在美元人像边缘中增加一条由凹印缩微文字组织的环线，缩微文字为"THE UNITED STATES OF AMERICA"。1996 版 100 美元和 20 美元还分别在正面左下角面额数字中增加了"USA100"和"USA20"字样缩微文字，50 美元则在正面两侧花边中增加了"FIFTY"字样缩微文字。

(9) 冠字号码。美元纸币正面均印有两组横号码，颜色为翠绿色。1996 版以前的美元冠字号码由一位冠字、8 位数字和一个后缀字母组成，1996 版美元增加了一位冠字，用以代表年号。

(10) 光变面额数字。1996 版 100、50、20、10 美元正面左下角面额数字是用光变油墨印刷的，在与票面垂直角度观察时呈绿色，将钞票倾斜一定角度观察则变为黑色。

(11) 磁性油墨。美元正面凹印油墨带有磁性，用磁性检测仪可检测出磁性。

(三) 美元的鉴别

鉴别美元的真伪，首先要对各版别真钞的票面特征和防伪特征进行全面地了解，然后采用直接对比法（眼看、手摸、耳听）和仪器检测法进行鉴别，即通常所说的"一看、二摸、三听、四测"。

1. 一看

首先看票面的颜色。美元真钞正面主色调为深黑色，背面为墨绿色（1963 版以后版本），冠字号码和库印为翠绿色，并都带有柔润光泽；假钞颜色相对不够纯正，色泽也较暗淡。其次是看票面图案、线条的印刷效果。真钞票面图案均是由点、线组成，线条清晰、光洁（有些线条有轻微的滋墨现象，属正常），图案层次及人物表情丰富，人物目光有神；假钞线条发虚、发花，有丢点、线的情况，图案缺乏层次，人物表情呆滞，眼睛无神。再次看光变面额数字。1996 版 10 美元以上真钞均采用了光变面额数字，变换观察角度，可看到颜色由绿变黑；假钞或者没有变色效果，或者变色效果不够明显，颜色较真钞也有差异。最后透光看纸张、水印和安全线。美元纸张有正方形的网纹，纹路清晰，纸中有不规则分布的彩色纤维。1996 版起美元纸张加入了与票面人物头像图案相同的水印，水印层次丰富，有较强的立体感。1990 版起 5 美元以上面额纸币中加入了文字安全线，线条光洁、线上文字清晰；假钞纸张上或者没有网纹，或者网纹比较凌乱，水印图案缺乏层次和立体感，安全线上文字线条精细不匀，字体变形。

2. 二摸

摸钞纸。真钞纸张挺括、光滑度适宜，有较好的韧性；假钞纸张相对绵软，挺度较差，有的偏薄、有的偏厚，光滑度或者较高，或者较低。真钞正背面主景图案及边框等均采用凹版印刷，手摸有明显的凹凸感；假钞或者采用平版胶印，根本无凹印手感；即使假钞也采用凹版印刷，其版纹比真钞要浅，凹印手感与真钞相比仍有一定的差距。

3. 三听

用手抖动或用手指弹动纸张,真钞会发出清脆的声响,而假钞的声响则较为沉闷。

4. 四测

一是用放大镜观察凹印缩微文字。从 1990 版起,5 美元以上面额纸币加印了凹印缩微文字,在放大镜下观察,文字清晰可辨,假钞的缩微文字则较为模糊。二是用磁性检测仪检测磁性。真钞的黑色凹印油墨含有磁性材料,用磁性检测仪可检测出磁性;假钞或者没有磁性,或者磁性强度与真钞有别。三是用紫外光照射票面。真钞纸张无荧光反应,假钞有的有明显的荧光反应,1996 版美元安全线会有明亮的荧光反应;假钞安全线有的无荧光反应,有的即使有荧光反应,但亮度较暗,颜色也不正。

> 小提示: **防止误收美元假钞**
>
> 当您收到一张美元时,应立即进行审查。如有怀疑,应当面声明退换或记下钞票的连号及面值,以备日后查找;不要违法从私人手中套买;亲朋好友之间的转借也易出现假钞;暂且搁置不用的美元,最好存入中国银行,既有利息,又可防被盗或遗失。进出国境的人士携带美元数额较大时,建议采用信用卡、旅行支票、汇款等安全的支付方式,以减少混入假钞及丢失、被盗的可能性。

二、欧元防伪识别

(一) 欧元知识

欧元是欧洲货币联盟国家的统一货币。欧元的货币符号为"€",2019 年 10 月 11 日,1 欧元可兑换人民币约 7.84 元。自 1999 年 1 月 1 日开始,欧元区国家(英国除外)的货币逐步完成向欧元的转换,这些货币包括:奥地利先令(ATS)、比利时法郎(BEF)、德国马克(DEM)、法国法郎(FRF)、爱尔兰镑(IEP)、意大利里拉(ITL)、卢森堡法郎(LUF)、荷兰盾(NLG)、葡萄牙埃斯库多(PTE)、西班牙比塞塔(ESP)、芬兰马克(FIM)和希腊德拉克马(GRD)。1999 年 1 月 1 日,原欧洲货币单位也以1:1的汇率自动转换为欧元。2002 年 1 月 1 日欧元的纸币和硬币正式进入流通领域。欧元样板见图 5-37。

(二) 欧元纸币的防伪特征

欧元纸币的防伪特征主要表现在以下几个方面。

1. 纸张防伪特征

(1) 专用纸张。欧元的纸张主要是由棉、麻纤维制造而成。纸质坚韧、挺度和耐磨力好,长期流通纤维不松散、不起毛、不断裂,在紫外线下无荧光反应。棉纤维使纸张不易断裂、吸墨好、不易掉色。麻纤维结实坚韧,使纸张挺括,经久流通不起毛,对水、油及一些化学物质有一定的排斥能力。

(2) 无色荧光纤维。一般情况下,每个国家制造纸币所用的纸张都采用长的棉、麻纤维,以麻纤维为主,这些纤维因为是天然植物,所以在紫外线的照射下没有荧光反应。

图 5-37 欧元样币(部分)

欧元纸币在印制欧元的纸张中随机加入了人造纤维,这些纤维在纸张中的位置是不固定的,在普通光线下与天然的棉、麻纤维并无区别,但在紫外线的照射下会有明显的荧光反应,呈现出红、黄、蓝3种颜色。

(3) 水印。水印是指在造纸的过程中,在丝网上安装事先设计好的水样图文印版,或通过印刷滚筒压制而成水样印刷字体。由于图文高低和压印方向不同,使纸浆形成薄厚不同的相应密度。这些图案平常情况下不易看出,只有对光检验才能看清。由于纸浆成纸后有图文处纸浆的密度不同,其透光度有差异,故透光观察时,可显出原设计的图文,这些图文即称之为水印。在当今科学技术发达的时代,在印钞纸张中加入水印仍被世界各国防伪专家公认为一种行之有效的防伪技术。

(4) 安全线。安全线是在钞纸制造的过程中,在纸张的特定位置上埋入特制的金属线或不同颜色的聚酯类塑料线、缩微印刷线或荧光线。对光观察时,可见一条完整的或断续(开窗)的线埋藏于纸基中。

2. 油墨防伪特征

印制欧元用的油墨都是特制的,包括平版、凸版和凹版油墨,市场上都没有销售,其配方也是绝密的。防伪油墨分为磁性油墨、荧光油墨和珠光油墨。

(1) 磁性油墨。20世纪60年代前后,磁性油墨首先在银行和邮政的业务中使用。当时使用磁性油墨并非用于防伪,而是主要用于银行对票据的自动处理、邮政对信件的自动分拣。80年代开始,磁性油墨的颜色不再仅限于黑色,而是扩大到了四色油墨。后来,逐渐被用在印刷纸币的防伪上。用磁性油墨有刷的图文,其突出的特点是外观色深、检测仪器简单。欧元纸币的安全线均为磁性油墨印刷的,该种油墨中因含有Fe_3O_4而带有磁性,所以当其通过磁性检测仪时会有磁性反应。

(2) 荧光油墨。欧元纸币的正面、背面均有用荧光油墨印刷的图案文字。用荧光油墨印刷的图案、文字当受到紫外线的照射时,有不同的荧光反应,会发出不同颜色的光线。欧元纸币的正面左上角的欧盟旗帜,在可见光的照射下为蓝色,中央有环绕成圆形的12颗黄色的五角星,在紫外线的照射下欧盟的旗帜则变为黄色,中央的12颗黄色的五角星则变为红色。欧元纸币的正面中上部偏左处的欧洲中央银行行长签名,在可见光照射下为蓝色,在紫外线的照射下,则变为红色。

(3) 珠光油墨。珠光油墨中的主要发光成分为珠光颜料,是一种无机颜料,由云母晶片构成。珠光油墨印刷以其独特的珠光效应以及无毒、不导电、耐热、耐化学腐蚀等特性,广泛应用于金属塑料、皮革纸张等材料表面的装饰着色。将该油墨应用于纸币的印刷上,使其产生一种特殊的美感。在5欧元、10欧元和20欧元背面都有1条珠光油墨印刷的带状图案,5欧元和10欧元的宽约为8毫米,20欧元的宽约为9毫米,且带有欧元标志。

三、日元防伪识别

(一) 日元知识

日本的流通货币为日元,符号是"￥"。2019年10月11日,1元人民币可兑换15.27日元。日元分纸币和硬币两种,纸币共有10 000、5 000、2 000和1 000日元4种面额;硬币有1、5、10、50、100、500日元等6种面额。1日元硬币背面的图案是棵小树、5日元的是麦穗图案、10日元的是日本皇宫图案、50日元的是菊花图案、100日元的是樱花图案、500日元的则是葡萄叶图案。日元的纸币既薄又结实,并且有很多防伪加工,如2 000日元纸币除画面上的图案外,正面还可看到隐画建筑物,左下角有隐形字"2000",右上角有隐形字"日本"等。

日本银行于2000年7月19日发行了新版面额为2 000日元钞票,这是日本银行继1958年发行10 000日元面额纸币以来又一次发行新面额纸币。新面额纸币采用了先进的防伪技术,增加了防伪措施,提高了防伪功能,被日本誉为"高科技纸币"。

新纸币的设计正面主要图案是古代牌楼,背面是古代一位诗人的手迹和作品插图,左上角印有日本银行行徽。日元样币(部分)见图5-38。

图5-38　日元样币(部分)

（二）日元纸币的防伪特征及鉴别

（1）专用纸张。日元纸张呈淡黄色，含有日本特有植物三桠皮纤维，纸张有非常高的韧性和挺度。

（2）水印。日元的水印图案与正面主景图案相同，由于采用了特殊工艺，故水印的清晰度非常高。

（3）雕刻凹版印刷。日元正、背主景、行名、面额数字等均是采用雕刻凹版印刷的，图案线条精细、层次丰富，用手触摸有明显的凹凸感。

（4）凹印缩微文字。日元正、背面多处印有"NIPPON GINKO"字样的缩微文字。

（5）盲文标记。日元的盲文标记由圆圈组成，用手触摸有明显的凸起，透光观察也是清晰可见。

（6）磁性油墨。日元正、背面凹印部位的油墨是带有磁性的，可用磁性检测仪测出磁信号。

（7）防复印油墨。日元采用了防复印油墨印刷图案，当用彩色复印机复印时，复印出来的颜色与原券颜色明显不同。

（8）光变面额数字。2 000日元正面右上角的面额数字是用光变油墨印刷的，与票面呈垂直角度观察呈蓝色，倾斜一定角度观察则变为紫色。

（9）隐形面额数字。2 000日元正面左下角有一装饰图案，将票面置于与视线接近平行的位置，面对光源，作45度或90度的旋转，可看到面额数字"2000"字样。

（10）珠光油墨。2 000日元正面左右两侧边分别采用珠光油墨各印刷了一条条带，转换钞票角度可看到有颜色变化。

（11）隐形字母。2 000日元背面右上角的绿色底纹处印有隐形字母，垂直角度下无法看到，将票面倾斜一定角度即可看到"NIPPON"字样，且前3个字母呈蓝绿色，后3个字母呈黄色。

1984年版1 000、5 000、10 000日元与1993年版相比，无凹印缩微文字，冠字号码为黑色，而1993年版的为深棕色；其他防伪特征基本一致。

知识拓展

第一至第四套人民币简介

一、第一套人民币

第一套人民币自1948年12月1日开始发行，共12种面额62种版别，其中1元2种、5元4种、10元4种、20元7种、50元7种、100元10种、200元5种、500元6种、1 000元6种、5 000元5种、10 000元4种和50 000元2种（1949年发行的正面万寿山图景100元和正面列车图景50元各有2种版别）。

第一套人民币部分票样见图5-39。

图 5-39 第一套人民币票样(部分)

二、第二套人民币

1955年3月1日中国人民银行发行的第二套人民币共10种面值,分别为:1分、2分、5分、1角、2角、5角、1元、2元、3元和5元。

1957年12月1日发行10元纸币以及1分、2分、5分三种硬币,与纸分币等值流通。

1961年3月25日和1962年4月20日分别发行了黑色1元券和棕色5元券,使第二套人民币由开始公布的11种增加到16种。

1964年4月14日,中国人民银行发布了《关于收回三种人民币票券的通告》,决定从1964年4月15日开始限期收回1953年版的3元、5元和10元纸币。

第二套人民币部分票样见图5-40。

三、第三套人民币

1962年4月20日起,中国人民银行陆续发行了第三套人民币共计13种版别,其中:10元纸币1种、5元纸币1种、2元纸币1种、1元纸币1种、5角纸币1种、2角纸币1种、1角纸币3种、1元硬币1种、5角硬币1种、2角硬币1种和1角硬币1种。

第三套人民币部分票样见图5-41。

图 5-40　第二套人民币票样（部分）

图 5-41　第三套人民币票样（部分）

四、第四套人民币

第四套人民币共14种纸币,采取"一次公布,分次发行"的办法。第四套人民币主币有1元、2元、5元、10元、50元和100元6种,辅币有1角、2角和5角3种,主、辅币共9种。

第四套人民币部分票样见图5-42。

图5-42　第四套人民币票样(部分)

(资料来源:https://jingyan.baidu.com/article/48b558e32b44b)

课 后 任 务

一、目的

加强点钞、扎钞、验钞等技能训练。

二、要求及任务

1. 上网搜索各种点钞法、验钞法的视频来观摩和学习。

2. 参照以下标准每天进行不少于20分钟的点钞练习。

要求:正确点钞并扎钞,评分标准如下。

(1) 优秀:6分钟 单指单张600张;多指多张800张。

(2) 良好:6分钟 单指单张400张;多指多张600张。

(3) 及格:6分钟 单指单张300张;多指多张500张。

3. 参照表5-1点钞技能量化等级标准,组成点钞竞赛小组,完成点钞比赛。

表 5-1　点钞技能量化等级标准

点钞方法	等级	三分钟张数	百张所用时间
单指单张	一	700 张以上	22 秒以内
	二	600～699 张	24 秒以内
	三	500～599 张	26 秒以内
多指多张	一	1 000 张以上	17 秒以内
	二	800～999 张	20 秒以内
	三	700～799 张	22 秒以内
扇面	一	1 000 张以上	16 秒以内
	二	900～999 张	20 秒以内
	三	700～799 张	22 秒以内

项目六　数字小键盘录入技能

学习目标

1. 知识目标
- 了解电子计算器的结构与使用方法
- 掌握小键盘录入的操作要领
- 了解传票的种类

2. 能力目标
- 熟练掌握小键盘的操作与击键方法
- 熟练掌握电子计算器的盲打方法
- 熟练掌握传票翻打技巧

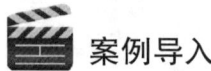 案例导入

大家去超市购物时,是否看到过收银员在打单时炉火纯青的指法?去银行办事时,是否见过银行职员用计算器核数时按键如飞?你一定想知道他们拥有如此娴熟的指法是否经过专门的数字盲打训练吧?实践证明,接受过数字键使用技能培训与未接受过数字键使用技能培训的人员相比,计算效率、准确率差别很大,一般在准确率相同前提下前者用时仅是后者的三分之一。所以,为保证工作效率和工作效果,不少部门要求员工熟练掌握数字小键盘运算技能。

任务一　小键盘操作要领

小键盘又称数字键,主要用于数字符号的快速输入,是财务工作者经常使用的工具之一。掌握小键盘操作方法与技巧将会大幅提高财务人员的工作效率和质量。

一、小键盘操作指法

为提高小键盘操作速度与准确性,正确的指法练习是必不可少的。计算机小键盘

操作时,右手各指头的具体分工见图6-1。

右手拇指:0。

食指:"1""4""7"。

中指:"2""5""8"。

无名指:"3""6""9""*"。

小指:"Enter""+""-"。

二、小键盘操作要领

(一) 正确的姿势

(1) 身体坐直,座椅应调整到适当的高度。

(2) 两臂自然下垂,两肘轻贴腋边,手指轻放于字键,手腕平直、放松。

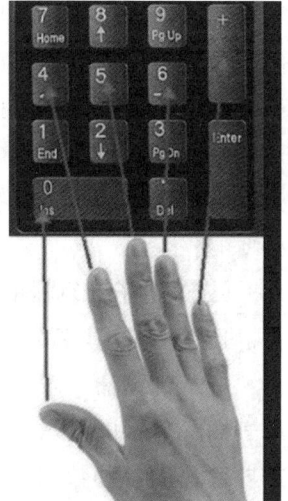

图6-1 小键盘指法

(3) 显示器应放在键盘正前方,应习惯于原稿放在键盘左侧,以便阅读。录入的姿势如果不当,则不能做到准确、快速,录入员也易感到疲劳。

(二) 击键方法和要领

(1) 两眼注视原稿,不看键盘,就是通常说的"盲打",靠手指的触摸来确定击键的位置。只要坚持按照正确的操作方法、顺序进行练习,就一定能逐步达到准确、熟练、快速地键盘录入水平。

(2) 集中精神,避免出现差错。要使录入的差错减少到最小程度、提高正确率,这等于提高了速度。片面追求录入速度而忽略差错率,则会录入得越多,差错就越多,这就叫欲快而不达。

(3) 手腕尽量平直,手臂保持静止,全部动作仅限于手指部分,上身其他部分不接触工作台或键盘。

(4) 手指保持弯曲,稍微拱起,指尖后的第一关节微成弧形,分别轻轻地放在字键的中央。

(5) 输入时,手抬起,只有要击键的手才可伸出击键,击毕立即缩回,不可停留在已击字键上。

任务二 小键盘录入实训

一、电子计算器实训

(一) 电子计算器的使用情况简介

电子计算器是使用范围广泛的计算工具。它体积小、价格便宜、计算方式简单、便于携带。自从电子计算器在我国普及后,使用算盘的人大幅度减少,以致于不少人认为电子计算器(机)会彻底取代算盘。在电子计算器使用若干年后人们逐渐意识到算盘具有一些电子计算器不可比拟的特殊功能。在全世界不少专家提倡下,使用算盘的人数才开始回升。目前使用电子计算器的人数远多于使用算盘的人数,电子计算器已经成为人们日常生活中不可缺少的计算工具。所以,学习电子计算器的使用技能是非常有必要的。

(二)电子计算器的结构和分类

1. 电子计算器的结构

电子计算器一般由显示屏、功能键、内存和运算器组成。显示屏和功能键在计算器的表面。显示屏显示从功能键输入的数据及运算结果,各功能键用来输入计算指令和需要计算的各种数据。内存是电子计算器存放输入指令和各种输入、输出数据的"仓库"。运算器是根据指令对输入数据进行加工和处理的部件。

2. 电子计算器的分类

电子计算器的种类繁多,规格也多种多样。按电子计算器的功能、运算方法可做以下分类。

(1)电子计算器按照功能可分为简单计算器、科学计算器和程序型计算器。随着科学技术的发展,也可能在以上类型的基础上产生功能更强大的种类。

第一,简单计算器。这种计算器功能简单,一般只能在做加、减、乘、除四则运算、百分比换算等简单计算。它使用范围最广泛,适合会计、统计和一般家庭日常生活使用。

第二,科学计算器。科学计算器也叫函数计算器,除了具有简单计算器所具有的功能外,还能做幂数、指数、对数、三角函数、反三角函数计算;完成复数、阶乘、概率等运算。

第三,程序型计算器。程序型计算器是近十多年来发展最快的一种高级计算器,它的功能介于电子计算器和电子计算机之间,可以使用部分计算机高级语言编程,以完成一些特殊任务,如逻辑运算、代数方程式甚至微分方程式的求解。

(2)电子计算器按照运算方法可分为法则运算计算器和顺序运算计算器。

第一,法则运算计算器。这类电子计算器在执行运算指令时,按照数学运算法则进行,比如进行四则运算时遵循的法则是先乘除、后加减,有括号时先算括号里面的。

第二,顺序运算计算器。这类电子计算器是按照操作先后顺序进行的,即先输入的先算,后输入的后算,不是先乘除后加减,如"1+2×(3+6)",按照法则运算结果应该是19,但按照顺序运算结果是27。

由于运算方法不同,相同的输入会导致不同的运算结果,所以在使用电子计算器之前,一定要注意所用电子计算器的运算方法,以免产生运算错误。特别是某些运算顺序可以事先自行设计的电子计算器,如某些程序型计算器或经人为改制过的电子计算器,使用时应更加注意计算结果。

(三) 电子计算器盲打技能

1. 盲打电子计算器功能键及其使用

盲打在使用电子计算机或电子计算器录入的时候不看键盘。盲打是提高速度的基本要求,使用盲打技术需要使用者对于键盘有很好的定位能力。电子计算器盲打最基本的要领是选用适合盲打的电子计算器,并通过有效地练习,在头脑中熟悉电子计算器各键的位置。

电子计算器盲打一般是针对简单型计算器的。适合用于盲打的简单型计算器样式见图 6-2,图中的电子计算器中按键包括数字键、符号键和功能键,各按键在使用过程中有不同的作用,分别介绍如下。

[AC]:清除键。清除电子计算器内存所有内容,按下此键存储器和总存储器内容均被清除。

[0]~[9]:数字键。按键一次,输入一位,输入的顺序是从高位到低位。

[00]:数字键。按键一次输入两个 0。

[・]:小数点键。可用来输入小数。

图 6-2 适合盲打的电子计算器

[CE]:删除输入按键。按下此键屏幕上输入的数字均会被删除。

[→]:退位键。输入数字错误时,可用它消除更正,每按一次清除一个数字,此键必须在运算符号前使用。

[+/−]:正、负号变换键。此键可用来变换显示数的正、负号,每按一次,显示数的正负号向相反的方向变换一次。

[MC]:清除存储器内的内容。

[MR]:调出由[M+]或[M−]键存入的内容。

[M+]或[M−]:分别表示保存所输入数的正值和负值,以便进行累加、累减。

[MU]:计算利率或税率。

[GT]:汇总自动输入的一组数字结果。

[%]:转换屏幕上的数字为百分数。

[√]:计算一个非负数的算术平方根。

[+][−][×][÷]:完成加、减、乘、除运算。

[=]:显示运算结果。

该计算器显示屏下有一些特殊的设置性质的功能键,见图6-3。

[OFF]:切断电源。

[↑5/4↓]:四舍五入选择器。

[A0124F]:小数位选择器。

[EX]:数字交换键可以交换原相邻操作数的位置,如键入"a-b",然后按该键,则a、b位置交换,原式变为"b-a"。

图6-3 计算器功能键

[ON/C]:开启及清除屏幕键。按下此键即接通电源或清除屏幕上的内容。如果在操作过程中按下此键则可以清除记忆外的所有输入。

需要注意的是:大多数电子计算器在连续不用达8分钟后将自动关机,因此使用时中途不要过长时间停止运算。

2. 计算器盲打的基本要求

要掌握计算器盲打技能,需要做好以下几点。

(1) 正确的坐姿是身体保证端正,两脚平放,桌、椅间距离以手指能轻放基本键位为准。两臂自然下垂,两肘轻贴于腋边。手腕平直,击键的力量来自手腕。

(2) 电子计算器的放置没有固定的要求,一般根据操作人员的实际情况,放在感觉最舒适的地方。位置确定好后,不要随便移动。

(3) 握笔方法可以借鉴珠算时握笔的方法。

(4) 盲打过程中,眼睛是不看键盘的,全靠眼、手、脑协调配合,因此需要注意力高度集中。

3. 计算器盲打的基本方法

(1) 盲打指法对应如下。

食指负责"0""1""4""7"等键。

中指负责"00""2""5""8"等键。

无名指负责"·""3""6""9"等键。

小指或无名指负责"+""-""="等键。

在击键前后,食指、中指、无名指应分别复位到4、5、6三个键的上方。

(2) 盲打训练。盲打除应充分熟悉键盘外,还应进行刻苦地训练。

第一,初练时可先看着键盘练习,尽可能不看键盘,也可以看着屏幕输入。

第二,逐步加快练习速度,学会调整心态。

第三,持之以恒地练习,提高速度和准确率。

盲打训练可以借鉴珠算时的资料,特别是珠算中的传票算和账表算的相关资料。

在盲打训练过程中要注意总结经验教训及使用计算器发现的需注意事项。

二、计算机小键盘实训

计算机小键盘也叫数字小键盘,位于计算机键盘的右下部分,主要用于数字的快速录入。银行职员和财会人员多使用该小键盘。计算机小键盘和电子计算器大小、形状、功能键非常相似,除了辅助录入数字外,也可以作为计算器使用。使用步骤如下。

在Office软件中使用小键盘可以实现算式输入,但不能直接进行计算工作。小键盘左上角的NumLock键是小键盘的功能转换键。按下该键,指示灯亮后即可使用小键盘的数字键录入数字;再按一次该键,指示灯灭,数字键就只能作为光标移动键使用。

计算机自带附件中的计算器调出方法如下。

(1) 点击屏幕左下角"开始"菜单。

(2) 将鼠标放在出现的"所有程序"菜单项上,在该菜单项选中后出现的子菜单中选"附件"菜单项。

(3) 在被选中的"附件"菜单项中点击"计算器"项目,就会在屏幕上出现一个可以在屏幕上任意移动的计算器。

随着计算机的广泛应用,传票算的小键盘形式,也日益成为各工商金融企业处理日常业务的重要方式,用计算机小键盘配合计算机自带计算器进行计算的速度和准确度也成为评判一些从业者,如收银员、银行柜员业务素质的标准之一。

任务三 传票翻打技能

一、传票的种类

传票翻打是指在经济核算过程中,对各种单据、发票或凭证进行汇总计算的一种方法,一般采用加减运算。它是加减运算在实际工作中的具体应用,可以为会计核算、财务分析、统计报表提供及时、准确、可靠的基础资料,是财务工作者必备的一项基本技能。传票翻打被列入全国会计技能比赛的正式项目。

图6-4和6-5所展示的是珠算技术比赛所采用的传票算题封面与封底。从装订形式上,传票可分为两种:第一种是订本式传票,是在传票出售前的装订成册。每本传票共100页,每页五行数,由四至九位数组成,其中四、九位数各占10%,五、六、七、八位数各占20%。页内依次印有(一)至(五)的行次标记,设任意20页的20个数据(一组)累加为一题,0~9十个数字均衡出现;第二种是活页式传票,也称为对角传票,每本传票共100页,每页对角各有一组数字。

图 6-4 订本式传票

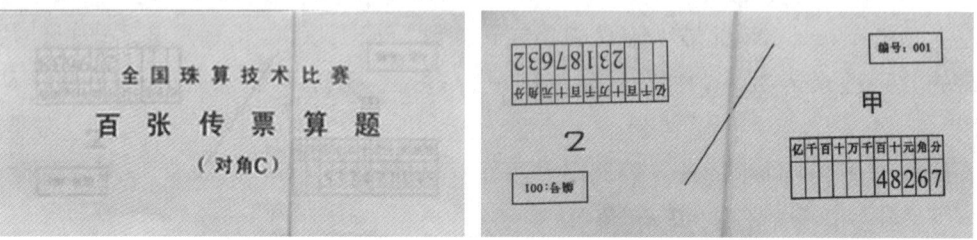

图 6-5 活页式传票

使用计算机小键盘完成传票翻打可以大幅提高工作效率和工作质量,是财务工作者数据汇总、核算必不可少的操作工具。

二、传票整理与摆放训练

传票翻打训练前,需要做好传票的整理与摆放、找页、翻页、记页和数页等工作环节,为既准又快地找到对应的传票做好准备工作。

首先,要对传票本进行检查,看有无缺页、重页、数码不清、错行、装订方向错误等,一经发现,应及时更换传票,待检查无误后方可整理传票。

其次,把传票捻成扇形,使每张传票自然松动,避免翻打中出现夹杂的情况。动作基本要领是:两手拇指放在传票封面上,其余四指放在背面上,左手捏住传票的左上角,右手拇指放在传票封面的右下方;右手拇指向顺时针方向捻动,左手配合右手向反方向用力,轻轻捻动即成扇形;扇形幅度不宜过大,只要把传票封面向下突出,背面向上突出,便于翻页即可;再用夹子将传票的左上角夹住,防止错乱。

最后,把传票摆放在便于取放的位置,一般放在小键盘的左上方,让传票与数字键互不干扰。

三、传票找页训练

1. 找页

找页的动作快慢、准确与否,直接影响传票翻打的速度与准确性。找页是传票翻打的基本功之一,必须加强练习。

找页的基本要求是：右手在敲击数字小键盘时，用眼睛的余光看清下一传票的起始页数，用左手迅速准确找到对应页数，做到边输入数字边找页。

2. 找页的训练形式

找页的关键是练手感，通过触摸纸页的厚度，做到仅凭手的感觉就可以尽快翻到临近的页码上，然后再用左手向前向后调整，迅速翻至要找的页码。

四、传票翻页实训

1. 翻页的指法

传票翻打要求用左手翻传票、右手敲击数字小键盘，两手同时进行。传票翻页的方法是：将左手的小指、无名指放在传票封面的左下方，食指、拇指放在每题的起始页，然后中指配合挡住已翻过的页，食指配合将传票一页一页掀起，见图6-6。

图 6-6　传票翻页指法

翻页与计算同时进行，票面不宜翻得过高，角度应适宜，以能看清数据为准。翻页输入时，可采用一次一页打法，也可以采用一次三页打法。

2. 翻页的训练

翻页时可将左手食指、中指、无名指、小拇指并拢，置于传票封面左边偏下位置，然后用拇指凸出部分翻传票页码，再将翻起的页码夹在中指和食指之间，整个翻页过程可概括为："翻—夹—翻—夹"。

四、传票记页与数页训练

为提高传票运算的速度和准确度，我们有必要学会传票记页与数页的能力。

（1）在传票运算时，为了避免计算过页或计算不够页，操作者应掌握记页与数页的方法。记页就是在运算中记住终止页，当估计快要运算完该题时，用眼睛的余光扫视传票的页码，以防过页。

（2）数页就是边运算边默念已打过的页数，例如，以20页为一组，打第1次默念1，打第 2 次默念 2……当默念到 20 的时候,核对该题的起止页数,如无误,按回车键。如果采用一目两页打法,仍以 20 页为一组为例,每题只数 10 次,即打前两页时默念 1,再打两页时默念 2……默念到 10 时,核对该题的起止页数,如无误,按回车键。

记页、数页看似简单,但在实际操作过程中却是有难度的。操作者在练习之初就应该养成记页、数页的好习惯,以提高运算速度。

 知识拓展

活用电脑虚拟数字小键盘

大家都知道电脑上有一个虚拟键盘,在电脑的屏幕上,可以用鼠标操作打字,只需要动动鼠标就可以打字了。如何使用电脑虚拟数字小键盘录入数据呢?下面就为大家详细讲解一下,希望可以帮助到大家。

1. 虚拟小键盘,填表更快速

在涉及一些频繁的数据录入时,财务人员多习惯采用键盘上的数字小键盘。如果使用不带小键盘的简易键盘操作,同一排数据键操作起来会比较别扭。若在屏幕上虚拟一个数字小键盘,用鼠标点击输入数据,可让表格数据录入更方便。

上述需求可借助于一款名为"NumPad"的绿色小工具来实现。该软件只有一个"NumPad.exe"程序文件,在填表时运行该软件,在表格编辑窗口按"Win+K"获取软件焦点,即可进行小键盘数字录入了,见图 6-7。

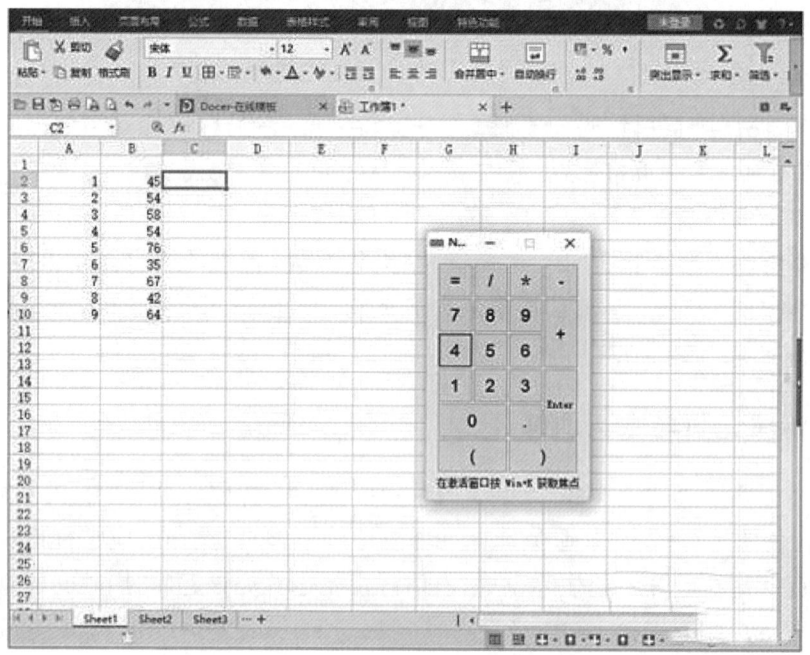

图 6-7 虚拟小键盘

小提示：Windows 10 中"Win＋K"键被定义为打开无线显示器连接或音频设备连接，因此该软件只适合于在 Windows 10 以下的版本中使用。

2. 虚拟软键盘，密码更安全

现在许多网银或安全级别比较高的网络软件，在输入密码时会提供软键盘输入方式，这样可以阻挡一些蓄意截获键盘操作的恶意软件。但是，不是所有网络环境都提供这种输入方式。遇到不提供这种便利的输入环境也不怕，我们可以自己搭建虚拟键盘输入。

在需要输入密码的网络环境中，可借助于 Neo's SafeKeys 软件来虚拟键盘输入密码，提高网络密码输入的安全性。操作时，先在 Neo's SafeKeys 中输入密码，然后在下面的密码框中全选密码，拖动选中的密码到网页的密码输入框内，完成密码输入，见图 6-8。

图 6-8　虚拟软键盘

（资料来源：https://www.jb51.net/diannaojichu/508547.html）

课 后 任 务

一、目的

加强电子计算器及数字小键盘录入技能；可以准确、快速地进行传票翻打。

二、要求及任务

1. 数字录入练习

试着找一些身份证号码或电话号码当作练习资料，练习时注意手指要摆放正确，熟练掌握小键盘的录入技巧。

2. 翻页训练

要求:按提供的页码快速翻页。

第一组:5、14、21、37、42、56、68、78、86、93

第二组:7、19、26、34、48、53、67、74、83、97

第三组:4、17、23、36、41、58、64、73、85、92

第四组:9、15、27、33、46、52、66、75、81、96

第五组:6、13、25、38、43、51、62、76、84、95

第六组:3、11、24、31、45、57、63、71、82、94

第七组:12、8、24、47、35、61、87、54、90、71

第八组:2、16、25、65、32、12、49、78、9、51

第九组:18、33、7、28、51、43、76、84、64、91

3. 传票翻打练习

要求:利用订本式传票按起始页和行次进行传票翻打练习。

第一组:第 3 至 22 页,第二行

第二组:第 19 至 38 页,第五行

第三组:第 28 至 47 页,第一行

第四级:第 39 至 58 页,第四行

第五组:第 46 至 65 页,第三行

第六组:第 57 至 76 页,第一行

第七组:第 63 至 82 页,第五行

第八组:第 69 至 88 页,第三行

第九组:第 73 至 92 页,第二行

第十组:第 80 至 99 页,第四行

项目七 收银技能

学习目标

1. 知识目标
- 熟悉电子收银机的操作规程
- 熟悉 POS 机的操作步骤
- 掌握收银机常见故障的处理方法
- 掌握现代收银技能

2. 能力目标
- 能熟练操作电子收银机
- 能熟练操作 POS 机
- 能正确保养维护收银机
- 能正确处理电子收银机常见的故障
- 能熟练使用各种现代收银方式

图 7-1 电子收银机

 案例导入

小王大学毕业后开了一家便利店,店里有一台电子收银机,见图 7-1。某一天,小王在办理业务过程中收银机突然发生故障,读卡器无法读出信号,由于小王不清楚收银机的日常维护和简单的故障处理,以致无法正常收银,便利店当天的生意受到很大影响。

任务一 电子收银机的基本知识

商业电子收银是微电子技术发展和现代化商品流通管理需求相结合的产物,电子收银机则是现代商业必不可少的基本电子设备之一。

一、电子收银机的构成

电子收银机主体部分由条形码阅读器和电子收款机组成,其中电子收款机包括收款机键盘、顾客显示器、PC 主机箱与显示器、收银钱箱和微型票据打印机五个部分。

(一)条形码阅读器

条形码阅读器亦称条形码扫描器,是条形码的读入装置,是识别商品的机器。其主要类型有:笔型条形码阅读器、激光枪条形码阅读器、便携式 CCD 条形码阅读器和固定式条形码阅读器等。其中,固定式条形码阅读器因分辨率高、扫描速度快、使用寿命长等优点被大型商场和超市广泛使用;激光枪条形码阅读器、便携式 CCD 条形码阅读器因小巧方便被小型超市作为首选使用。

条形码阅读器的光学表面应保持清洁透明,连接线导电性能良好,避免断路或短路。

(二)电子收款机

电子收款机接受条形码阅读器输入的条形码信息,根据条形码在收款机内存中的商品数据库找到该商品的相关内容,如品名、单价等,计算本次销售的结算总额。电子收款机各组成部分和功能描述如下。

1. 收款机键盘

(1)收款机基本键:0 至 9 数字键、运算键、付款方式键(如现金、支票、外币、信用卡、礼券等)、促销控制键(折扣)、取消/更正键、交易结束键(小计、合计)等。

(2)收款机功能键:部门分类键、税率计算键、锁定密码键、币值交换键、报表打印键、自由设定键等。

(3)键盘的右上角有一个钥匙插孔,分为 0~3 档,每档有不同的设置。

0 档:关闭状态档。

1 档:收银员档。

2 档:操作员/收银主管档。

3 档:电脑部档。

2. 顾客显示器

顾客显示器是面向顾客显示交易的商品品名、价格、金额等信息的仪器。顾客显示器可显示两排字符,可显示中文和英文。顾客显示器处于收款状态时显示的字体颜色通常有绿色、红色或黄色等。录入商品之后,顾客显示器就会显示商品数量及单价;在按"总计"键以后,顾客显示器会显示商品总价;在输入顾客所付现金并按"现金"键以后,顾客显示器显示找零金额。

3. PC 主机与操作显示器

PC 主机与显示器包括 CPU 内存、硬盘、软盘驱动器、显卡、网卡、记忆卡和操作显示器等。

4. 收银钱箱

收银钱箱与收款机相连,是用来存放现金的扁形金属柜,有电子锁,开关由收款键控制,柜中有若干个用于存放现金的小格和夹子。

5. 微型票据打印机

微型票据打印机是用于打印交易文字票据的机器,每一台主机配置两台打印机,同时自动打印票据;或一台打印机打印一式两份的票据,一份给顾客,一份留底。打印机打印的票据内容包括店名、时间、交易号、收银机号码、商品品名、数量、单价、总价、商品编码或商品条码以及收款金额、找零金额等。

二、电子收银机的作用

电子收银机使用广泛,具有以下作用。

1. 营业收款迅速、准确,提升经营档次

电子收银机可以快速、准确地计算出每笔交易信息,减少了收银员对交易额的计算时间,加快了收银速度,减少顾客等待时间,提高了工作效率,也提升了经营档次。

2. 支持多种付款方式

电子收银机除支持现金支付方式外,还支持银行卡、礼券、购物卡、提货单等付款方式。在同一笔交易中,可以同时支持多种支付方式,极大地满足了顾客支付需求。

3. 结账精确,杜绝舞弊

电子收银机能详细、准确地记录每笔业务,统计营业业绩,减少钱账不清、作假挪款等现象。

4. 及时准确统计营业数据,为管理服务

每日营业结束时,电子收银机可以在几分钟内及时、准确地统计出各种营业数据,如商品的销售量、销售额、客流量及库存量,可以打印多种形式的报表,为管理者提供决策依据。

任务二 电子收银机的操作规程

一、电子收银机使用的注意事项

电子收银机的放置和维护直接影响其使用寿命,正确使用电子收银机需注意以下事项:

(1) 收银机应放置在避免阳光直射、远离强电磁场、温度变化不大和灰尘较少、平整、无振动的台面上。

(2) 使用与机壳后铭牌上标示相同的电源电压,否则机器将严重损坏或不能正常工作;电源插座应设在离收银机较近且易插拔处,以便紧急情况时能尽快切断电源;收银机尽量不要与其他大功率且频繁启动的电器共用一个插座,如空调、冰箱、电视机等。在电网质量较差的地区,应当配备稳压电源单独给收银机供电。

(3) 清洁收银机时,不能使用潮湿的抹布或化学制品擦拭机身,如汽油、稀释剂等。

(4) 当收银机出现故障时,应立即切断电源,停止使用,不能私自拆开或维修。

二、电子收银机操作前的准备工作

(1) 商品分类(部门)。要尽量按所选购的电子收银机最大部门数来分类,这样能够发挥电子收银机最大的管理效能。

(2) 单品编码。如果采用单品管理,必须对商品进行编码,并定好归属的类别及单价。

(3) 确定收银员的代码(密码)。

(4) 编程设置。

(5) 确定管理权限。

(6) 确定每天、每月清报表的时间和交接班程序。

三、电子收银机的工作流程

1. 开启收银机

启动收银机的电源开关,等待机器启动,直到出现"员工登录"窗口。

2. 收银员登录

(1) 在"员工登录"窗口中,输入正确的员工编号和登录密码,然后按 Enter 键,进入销售操作界面。

(2) 登录失败的操作处理。如果收银员在输入员工编号及密码时出现错误,系统就会要求重新输入。此时应仔细核对编号与密码,并重新输入。如果发现输入无误,但是仍然无法成功登陆,应立即找收银主管,重新领取新的上机编号。如果连续三次输入错误,则会自动退出系统,重新启动收银机。

3. 收银机收款的注意事项

收银员应熟悉一般商品的条形码粘贴部位,迅速、准确地扫描商品条形码。对于条形码有褶皱或不平整的,应将条形码摊平,然后再扫描。扫描器收到条形码信号时,会发出"嘀"的一声响,表示商品信息进入收银机。此时屏幕中会显示商品的编号、名称、单位和单价等信息。

对已扫入条形码的商品,收银员应以扫描器为界限统一放到收银台出口一侧,以免重复扫描。若顾客购买多个同一商品,可以在扫描后直接输入商品数量;若顾客购买不同商品时，可以直接进入下一个商品的扫描。

收银员扫描时应扫描一件商品看一下屏幕，以避免扫错或漏扫。对于顾客临时决定不要的商品，收银员应将商品放在收银台指定区域，等待理货员整理。对于扫描器无法识别的商品，收银员应手动录入商品编号。

对贴有店内码的商品，收银员应先扫描店内码，核对电脑显示的品种与实物是否一致，防止错码、串码商品售出。对既贴有店内码又印刷国际条形码的商品，在扫条形码时，以店内码为准。

如果发现条形码扫描不出来或扫描出来的商品品名、规格与实物有差异的，收银员应及时登记并反馈给相应的商品部门。对于生鲜食品及糖果的称重码，应核对商品的名称、型号、重量和价格。

对于两种或两种以上不同单品捆绑促销的商品，应分别扫描条形码。对促销装的商品（或赠品）与捆绑式售卖商品，收银员要注意分清商品和赠品，避免错扫描了价值低的赠品。对于"买二赠一"的商品采用捆绑式售卖时，收银员应把绑在一起的两件商品分别扫描，不能只扫描一件商品，变成"买一赠二"。

因无库存扫描不出的商品，收银员应耐心向顾客解释，并及时通知商品部门进行处理。

对于已付款商品，如家电、酒类、精品等专柜销售的商品，在其所在专柜收银机已经付款且商品有收银小票凭证，并符合特定的包装，不再扫码。

如果商品原包装被拆开，在扫描商品前要检查包装中的商品是否与外包装相符，有无调换商品或夹带其他商品。

对于整箱的商品，收银员要注意核对价格，分清包装箱上的条码是整箱商品价格还是单品价格，避免弄错，造成商品流失。对于带着孩子一起购物的顾客，在扫描完顾客购物车（篮）中的商品后，收银员还应看看跟着的儿童中是否有未结算的玩具、食品等，以免商品流失；对于顾客在结账时因各种原因不要、又已扫描的商品，收银员必须请收银主管将商品从销售清单中删除。

对于一些无法扫描的商品，收银员应该对商品信息实行手动录入。操作步骤如下。

第一，打开销售窗口。收银员按"单品"键，收银机会打开一个"输入货号"的窗口。

第二，输入商品代码。

第三，确认商品。确认无误按"Enter"键。如果存在此商品信息，就会显示出该商品的名称、单价等信息。收银员核对商品信息是否与商品一致。确认该商品存在且与实物相符后，可以在"数量"栏中输入销售数量。若不输入数量，则默认为"1"，若要修改前面商品的数量，可使用箭头键，将光标移动到需要修改的明细上后再直接修改。

第四，如果没有此商品或商品条形码、代码错误，收银机将不显示该商品的名称、单价等信息,并且光标会一直停留在"货号"栏中。如果发现商品信息与实物不符,按下"Delete"键删除此商品。

第五,对于通过手动录入商品代码仍无法得到商品信息的商品,收银员应与核价员联系,及时获取最新条码信息。

4. 结算账款

(1) 现金结算的操作步骤如下。

第一,唱收应收金额。收银员扫描完顾客所有的商品后,按下"结账"键,收银机屏幕上就会弹出一个小屏幕,上面显示应收金额,收银员应向顾客唱收:"应收您XX元。"

第二,接受顾客的现金。顾客付款时,用双手接过顾客手中的现金,并向顾客说:"收您XX元。"然后操作收银机,按"现金"键,并用数字键输入顾客所付的金额,然后按"Enter"键。

第三,如果打印购物小票时,打印出的是白纸,则可能是打印纸装反了或者是色带已经老化脱色了,此时及时处理。如果打印纸用完了,应立即更换打印纸。更换打印纸时,应从打印口撕断剩下的打印纸,然后按"进纸"键,让打印纸在打印机内自动走完。然后再将新的打印纸放进纸口,按"进纸"键,让打印纸自动进入打印机内。

第四,关闭钱箱。为顾客找零后,收银员应立即关闭钱箱。钱箱关闭后,会自动锁定,收银机屏幕也会进入正常业务的操作界面。如果钱箱无法关上,应检查是否有东西卡住了钱箱,或钱箱的异轨变形。

(2) 银行卡结算。

银行卡结算的相关内容见后述任务四"POS机的操作"。

5. 唱找零

收银机屏幕显示出"找零"金额,打印机开始打印购物小票,钱箱也会同时打开。收银员将收到的钱款放入钱箱,并从钱箱中找零,然后双手将找零及购物小票交给顾客,并唱找零钱:"找您XX元。"

6. 关闭收银机的注意事项

(1) 退出销售系统。每日营业结束关闭收银机时,收银员应先退出操作系统。具体注意事项如下。

第一,在收银员准备退出销售系统前,必须先完成收银工作,不得在收银中途退出操作系统。

第二,利用光标移动找到"退出"选项并选择。对于已经定义了"退出"功能键的收银机,直接按"退出"键。系统会提示"是否真的退出?请选择是/否"。按"确认"键选择"是",退出操作系统;按"取消"键选择"否",会返回销售界面。

第三,如果无法顺利退出系统,应立即与收银机管理人员联系。

(2) 关闭收银机应遵循的步骤如下。

第一,退出收银系统后,不能立即关闭电源,要等屏幕提示"现在可以安全关机了"时再关闭电源。

第二,先关闭主机电源,再关闭显示器、打印机等外设电源。

任务三 电子收银机的保养和故障处理

一、电子收银机的保养

为了使电子收银机更好地发挥作用,保证商业企业后续工作的正常进行,在使用过程中,必须严格遵守操作规定,注意设备的保养和日常维护,正确使用电子收银机。

收银机的日常保养方法见表7-1。

表7-1 收银机的保养方法

序号	项目	保养方法
1	整机外部清洁	在断电情况下,使用柔软的干布擦拭机身外表,取下打印机的色带和打印纸,用吸尘器吸去主机进风口处的灰尘,然后装上打印机的色带和打印纸,注意不要使用酒精、汽油、稀释剂等化学制品
2	打印机和键盘清洁	取下打印机的色带和打印纸,用吸尘器吸去打印机机头中和键盘按键间隙中的灰尘
3	主机内部清洁	由专业人员操作
4	打印机和钱箱润滑	由专业人员操作
5	线缆和插头检查	检查各连接器是否有锈迹或损坏,是否插接到位,螺钉是否紧固,电缆是否破损和严重的弯折,如有请及时更换
6	硬盘检查和清理	由专业人员操作
7	病毒扫描并清除	下载最新的杀毒软件病毒库,对系统内存、启动对象、系统还原、邮件数据库、所有硬盘、网络驱动、可移动介质进行扫描

二、电子收银机常见故障处理方法

收银机的常见故障处理方法见表7-2。

表7-2 收银机常见故障处理方法

序号	故障现象	处理方法
1	主机不正常	检查电源插座是否接触良好;检查电源开关是否打开;检查复位键是否被卡住;关机后重新启动

(续表)

序号	故障现象	处理方法
2	显示器无显示	检查显示器开关是否打开,亮度开关是否最小;在屏幕有亮光的情况下,检查显示器与主机的电缆插头是否松脱;如仍不见效,应重新开机或检查主机
3	键盘不能输出	检查键盘连主机的插头是否插到位,可拔出重插;如仍不行,借用插PC键盘,PC键盘正常,需对键盘重新编程
4	钱箱不能接受打开命令或检测不到钱箱状态	先检查钱箱手动情况下是否开合正常;再看电缆连接是否正确、是否插到位,钥匙是否转到中间位置;再检测钱箱的型号设置是否正确;最后检查钱箱的输入和输出地址是否正确
5	顾客显示牌不显示或不接受数据	检查顾客显示牌连主机PD口的插头是否松动;检查顾客显示牌的型号和串口的设置是否正确;检查串口波特率是否与顾客显示牌的默认波特率一致
6	读卡器读不出信号	磁卡的磁条面是否对着箭头;卡的边沿是否贴到卡槽的底部,刷卡时不能中途停顿
7	打印机不打印	检查电源是否连上,打印机电源开关是否打开;连主机的电缆是否插到位;打印纸是否装上
8	网络不通或连接时续时断	检查网线是否连接良好;检查网线的质量和布线的质量;为了适应较差的100 M网络环境也可以把网卡工作模式设置成半双工、10 M速率

任务四 | POS机的操作

一、POS机的操作步骤

(1)开机。收银员按红色"取消"键听到第一声响的时候松开手指等待联机,联机成功之后会提示按任意键签到,接着会提示输入操作员号码,按确认键之后会提示输入操作员密码,输入密码后即可进入操作主界面。

(2)刷卡。当出现银联界面时按功能键就会返回刷卡的界面,然后输入消费金额,接着界面有两个选项供选择:①借记卡消费;②信用卡消费。根据银行卡的类别选择好后,提示顾客刷卡。

刷卡时,将银行卡轻轻匀速划过,然后输入金额。持卡人输入密码后,POS机会自动打印两张凭条。持卡人在其中一张凭条上签字确认后退还给收银员,交易完成。

(3)撤销操作。在交易中如发现金额差错,可撤销操作。如交易已完成,则可输入原凭证号码,确认撤销操作。

二、操作 POS 机的注意事项

（1）POS 机正确摆放。POS 机应避免暴露在剧烈日光下或湿度较高的环境中。POS 机要放在固定平稳的台面上操作，保证接线畅通。

（2）POS 机用电安全。POS 机电源线正确连接的方法：电源线先连接 POS 电源端口，然后连接插板。定期检查 POS 机电源线是否有脱节、内金属线外漏及插口松动等情况。

（3）POS 机正确开关机。开机前，确保设备已接通电源。长按红色"取消"键或按 POS 机右边的黑色开关键，即可开关机（视不同机型而定）。关机后，确保设备已断开电源。

（4）POS 机有效散热。应保证 POS 机有较好的通风条件，避免因 POS 机过热导致自动关机或重启。

（5）POS 机安全清洗。保持 POS 机的清洁，不在上面摆放物品，做到防尘、防水、防油。清洁 POS 机时，应用干抹布轻轻擦拭，不能用潮湿的抹布或化学制品（汽油、稀释剂等）擦拭机身。

（6）POS 机卡纸的处理。当 POS 出现卡纸问题时，可打开打印机盒，取出被卡住的纸，重新装好打印纸，盖好打印机盒。

任务五　现代收银技能

随着新信息技术的应用拓展，零售业实体门店逐渐迈入智慧化门店的发展阶段。在智能化应用趋势和消费升级的双重推动下，现代收银方式应运而生。本书重点介绍"扫码购"、支付宝和微信等支付方式。

一、"扫码购"自助收银方式

在我国，零售实体门店的传统收银模式是消费者先在货架挑选商品，再通过收银台排队结账。在客流高峰时段，由于门店购物人数陡增，收银台有限，导致消费者排队等待时间较长，购物体验糟糕。门店将大部分人力集中在收银环节，势必削弱购物引导人员的分配，导致店内引导不到位，难以与顾客形成营销转化。"扫码购"自助收银方式的出现，则使这些问题迎刃而解。

"扫码购"自助收银是一项主打便捷的无人售货功能，其本质相当于虚拟购物车。消费者可以通过扫描商品条形码或者二维码，将商品加入虚拟购物车，挑选完毕后再通过线上支付自助结算，生成结算二维码离场核销即可。借助该功能，消费者全程无需等待排队结账，轻松完成自助购物，大大优化了消费者的购物体验。通过"扫码购"线上平台,可以及时推送商品信息,形成线下强关系、社群强交互、小程序强推送的全链路购物流程,实现消费者与消费场景无缝隙连接。

"扫码购"自助收银操作流程如下。

(1) 消费者进入门店,挑选商品。

(2) 打开"扫码购"小程序。

(3) 选择"扫一扫"功能,逐条扫描商品条形码或二维码。

(4) 结算购物车商品,进行线上支付。

(5) 线上支付成功,生成购物结账码。

(6) 离店出示结账码,由店员查验后放行。

具体操作流程见图7-2。

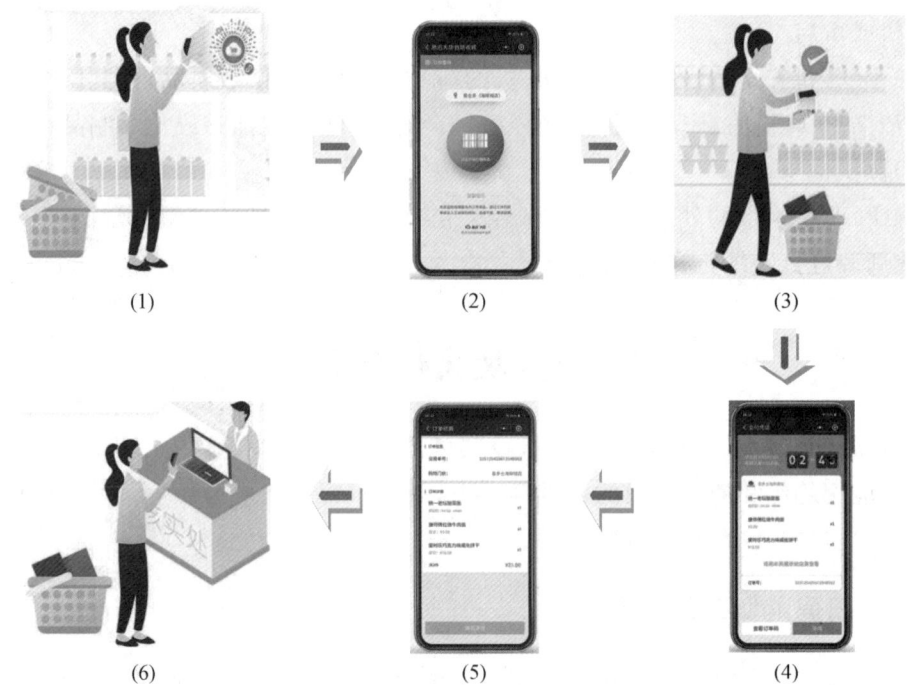

图7-2 "扫码购"自助收银操作流程图

二、移动支付方式

(一) 支付宝支付方式

1. 支付宝的起源与发展

支付宝(中国)网络技术有限公司是国内领先的第三方支付平台,致力于提供"简单、安全、快速"的支付解决方案。支付宝公司从2004年建立开始,始终以"信任"作为产品和服务的核心。旗下有"支付宝"与"支付宝钱包"两个独立品牌。自2014年第二季度开始成为当前全球最大的移动支付厂商。

支付宝主要提供支付及理财服务，包括网购担保交易、网络支付、转账、信用卡还款、手机充值、水电煤缴费、个人理财等多个领域。在进入移动支付领域后，支付宝为零售百货、电影院线、连锁商超和出租车等多个行业提供服务。

2. 支付宝支付程序

在支付宝的使用过程中，有条码支付和扫码支付两种支付程序。

（1）条码支付是商家收银台直接通过公网向支付宝发起收款。条码支付有两种链接方式，即门店直连方式和商户/系统商后台转发方式。个人商户或者单独门店一般采用直连方式接入，具体流程见图7-3。

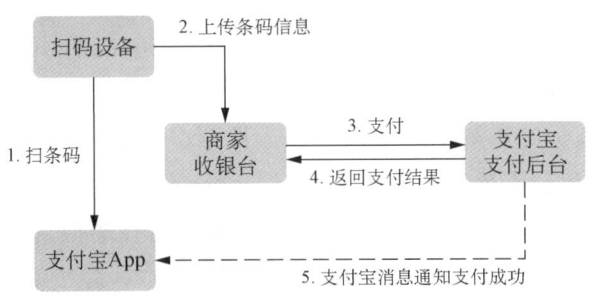

图7-3 直连方式支付宝条码支付流程图

商户/系统商后台转发方式是商家收银台先请求到商家后台，再请求到支付宝，具体流程见图7-4。

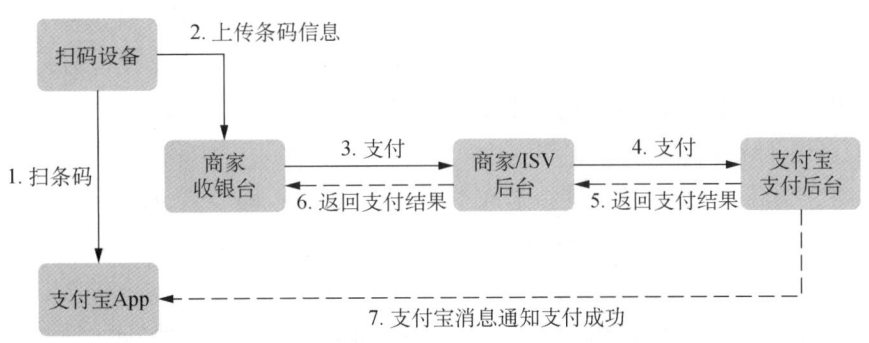

图7-4 后台转发方式支付宝条码支付流程图

（2）扫码支付适合有各类自助终端的商家，用户在自助终端通过扫码完成支付。当面扫码支付采用商家/系统服务商后台转发方式接入，商家先预下单到商家后台，再请求到支付宝，具体流程见图7-5。

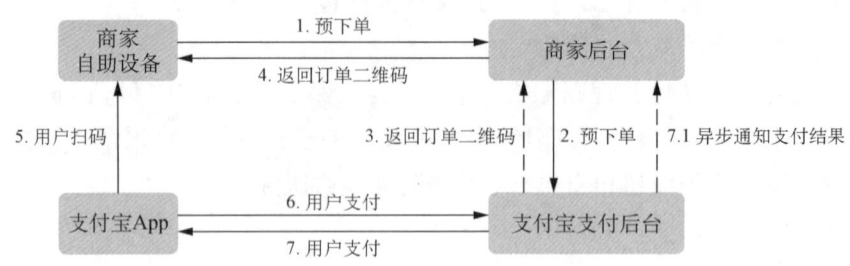

图 7-5 支付宝扫码支付流程图

(二)微信支付方式

1. 微信的起源与发展

微信支付是腾讯集团旗下中国领先的第三方支付平台,一直致力于为用户和企业提供安全、便捷、专业的在线支付服务。微信支付以"微信支付,不止支付"为核心理念,为个人用户创造了多种便民服务和应用场景,为各类企业以及小微商户提供专业的收款能力、运营能力、资金结算解决方案以及安全保障。企业、商品、门店、用户已经通过微信连在了一起,让智慧生活变成了现实。

2018 年 8 月 15 日,腾讯发布的第二季度及中期综合业绩报告显示,微信和 WeChat 的合并月活跃账户数达 10.58 亿。以微信支付为核心的"智慧生活解决方案"至今已覆盖数百万门店、30 多个行业。用户可以使用微信支付来看病、购物、吃饭、旅游、交水电费等,微信支付已深入我们生活的方方面面。

微信支付是集成在微信客户端的支付功能,用户可以通过手机快速完成的支付流程。微信支付以绑定银行卡的快捷支付为基础,向用户提供安全、快捷、高效的支付服务。用户只需在微信中关联一张银行卡,并完成身份认证,即可将装有微信 app 的智能手机变成一个全能钱包后即可购买合作商户的商品及服务,用户在支付时只需在自己的智能手机上输入密码,无需任何刷卡步骤即可完成支付,整个过程简便流畅。

2. 微信支付规则

(1) 绑定银行卡时,需要验证持卡人本人的实名信息,即姓名、身份证号等信息。

(2) 一个微信号只能绑定一个实名信息,绑定后信息不能更改,解卡不删除实名绑定关系。

(3) 同一身份证件号码只能注册最多 10 个(包含 10 个)微信支付。

(4) 一张银行卡(含信用卡)最多可绑定 3 个微信号。

(5) 一个微信号最多可绑定 10 张银行卡(含信用卡)。

(6) 一个微信账号中的支付密码只能设置一个。

(7) 银行卡无需开通网银(中国银行、工商银行除外),只要在银行中有预留手机号码,即可绑定微信支付。

3. 微信支付程序

1) 付款码支付

付款码支付是用户展示微信钱包内的"刷卡条码/二维码"给商户系统扫描后直接完成支付的模式。付款码支付主要应用线下面对面收银的场景,见图7-6。

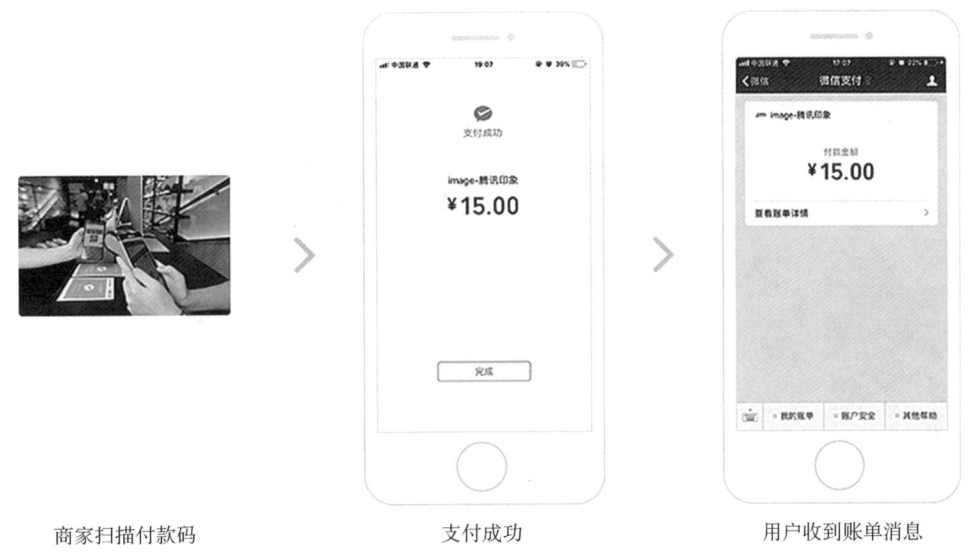

商家扫描付款码　　　　　　支付成功　　　　　　用户收到账单消息

图 7-6　微信付款码支付流程图

付款码支付的步骤如下。

第一步:用户选择付款码支付,付款码打开路径:微信→"我"→"支付"→"收付款"。

第二步:收银员在商户系统操作生成支付订单,用户确认支付金额。

第三步:商户收银员用扫码设备扫描用户的条码/二维码,商户收银系统提交支付。

第四步:微信支付后台系统收到支付请求,根据验证密码规则判断是否验证用户的支付密码,不需要验证密码的交易直接发起扣款,需要验证密码的交易会弹出密码输入框。支付成功后微信端会弹出成功页面,支付失败会弹出错误提示。

2) JSAPI 支付

JSAPI 支付是商家张贴收款码物料,用户打开扫一扫,扫码后输入金额,完成付款。JSAPI 支付是用户在微信中打开商户的 H5 页面,商户在 H5 页面通过调用微信支付提供的 JSAPI 接口调起微信支付模块完成支付。其应用场景见图7-7。

JSAPI 支付的步骤如下。

第一步:商户下发图文消息或者通过自定义菜单吸引用户点击进入商户网页。

第二步:进入商户网页,用户选择购买,完成选购流程。

第三步:调起微信支付控件,用户输入支付密码。

第四步:密码验证通过,支付成功,商户后台得到支付成功的通知。

| 用户扫描付款码 | 输入金额 | 确认支付 | 支付成功 |

图 7-7　微信 JSAPI 支付流程图

第五步：返回商户页面，显示购买成功，该页面由商户自定义。

第六步：微信支付公众号下发支付凭证。

第七步：商户公众号下发消息，提示发货成功。

3）Native 支付

Native 支付是商户系统按微信支付协议生成支付二维码，用户再用微信"扫一扫"完成支付的模式。该模式适用于 PC 网站支付、实体店单品或订单支付、媒体广告支付等场景。其支付流程见图 7-8。

| 用户扫描付款码 | 确认商家指定金额 | 确认支付 | 支付成功 |

图 7-8　微信 Native 支付流程流程图

4) APP 支付

APP 支付又称移动端支付,是商户通过在移动端应用 APP 中集成开放 SDK 调起微信支付模块完成支付的模式。其支付流程见图 7-9。

商户APP中下单　　　　确认支付　　　　支付成功　　　　返回商户APP界面

图 7-9　微信 APP 支付流程图

5) H5 支付

H5 支付主要是在手机、ipad 等移动设备中通过浏览器来唤起微信支付的支付模式。其支付流程见图 7-10。

用户在微信外浏览器下单　　打开微信　　　　确认支付　　　　支付成功

图 7-10　微信 H5 支付流程图

6) 小程序支付

小程序支付是专门被定义使用在微信小程序中的支付模式。目前,在小程序中能且只能使用小程序支付的方式来唤起微信支付,其支付流程见图 7-11。

用户在商家助手小程序下单　　　确认支付　　　支付成功　　　用户收到账单消息

图 7-11　微信小程序支付流程图

知识拓展

某超市收银员行为规范

1. 提前半小时换好工作装并检查仪容仪表。

2. 在班长的带领下到金融室领取备用金。

3. 收银员在外勤人员(班长)在场的状况下清点备用金。

4. 确认无误后,在相应的栏内画"对号",确认签字。

5. 在外勤人员(班长)的带领下回到卖场,做早礼,做开店前准备。

在第一个客人进店前站在超市入口,迎接第一名进店的顾客,并用欢迎语对第一名进店的顾客问好。

6. 收银员对收银台区域进行打扫。打扫完毕后,开启收银机,确定收银机正常后,对备用物品进行整理。

7. 收银前应说服务语"您好,欢迎光临",收银结束后服务语为"欢迎下次光临"。

8. 对顾客不要的小票要当场撕毁,不得私自保留。

9. 对重扫的商品,务必由外勤(班长)、经理进行取消。

10. 交接班时应先确认收银机抽屉及周围是否有忘记回收的现金。

11. 收银员下台后把现金拿到金融室,填写《币种明细表》,在外勤(班长)的监督下签字确认后,交给金融室。

12. 收银员不得私自到金融室兑换零钱,须由外勤(班长)兑换零钱。

13. 每天重新领备用金,收银员手中不得留有备用金(以防作弊),收银员上收银台后,不得自带现金以及手机。

课后任务

一、目的

通过学习电子收银机使用原理与操作步骤,使学生掌握电子收银机及POS机的操作和日常保养维护。

二、要求及任务

(1) 学习电子收银机的操作流程之后,学生可到超市或商场的收银台进行实习,进而掌握收银工作的整个业务流程。

(2) 分小组讨论,相互交流实习体会与感想。

项目八　财务印章与会计档案业务技能

学习目标

1. 知识目标
- 熟悉印章的分类、保管和使用要求
- 掌握原始凭证的整理要求和粘贴方法
- 掌握会计凭证装订的方法
- 熟悉会计档案的保管要求

2. 能力目标
- 能熟练使用财务印章
- 能熟练整理原始凭证
- 能正确装订会计凭证
- 能正确保管会计档案

案例导入

蔡某是来宾市兴宾区某单位的一名会计,原本家庭条件优越。2008年,蔡某发现身边有不少人购买"六合彩"(非法赌博),她也跃跃欲试。最终,花光自己多年的积蓄,还欠了亲戚朋友不少债。由于深陷赌博不能自拔,蔡某把目光瞄向她所掌管的单位公款。她发现单位财务管理有漏洞:单位财务印鉴都由她一个人保管,这样,她可以先"借"单位的钱去买"六合彩",等赢了钱再"神不知鬼不觉"地还给单位。于是,蔡某偷偷开出转账支票,然后到银行从单位对公账户把公款转入自己的私人账户再取现。在长达8年的时间里,蔡某先后挪用129.2万元公款豪赌"六合彩",直到她退休返聘期满后才被单位发现。2016年12月23日,来宾市兴宾区法院以挪用公款罪判处蔡某有期徒刑5年。

这种因单位内部控制制度形同虚设、财务人员间相互监督失灵、单位财务印章管理不严而导致犯罪的案例屡见不鲜,请大家思考应怎样从源头管控财务人员的此类行为。

任务一 财务印章的保管

一、印章的分类

单位印章一般分为单位行政公章、财务印章、合同专用章和发票专用章四大类。

由财务部门保管的印章通常包括:本单位的财务专用章、法定代表人名章和出纳人员名章。

根据中国人民银行的规定,银行为便于管理、减轻柜面的工作压力和便于印鉴的核对,单位预留的印鉴原则上为单位财务专用章和单位法定代表人名章。从单位资金安全角度考虑,预留银行的印鉴以三枚较好,从左至右分别是该单位的财务专用章、法定代表人名章和出纳人员名章,在尺寸规格上也应从左至右、由大到小、美观有序。

预留银行印鉴各印章的具体用途有以下三种。

(1) 财务专用章是代表单位行使财权的公章,表示承担付款的经济责任。

(2) 法定代表人名章表明单位领导人员之间的明确分工,一旦财务上出现问题,应追究分管财务领导的个人责任。

(3) 出纳人员名章遵循"谁经手,谁负责"的原则,也表明会计人员各有明确的分工。

二、印章的保管

1. 指定专人管理

按单位内部控制制度的要求,达到既互相监督又明确各自责任的目的,签发支票的预留银行印鉴应由会计主管人员或指定专人管理。出纳人员保管自己名章,由复核人员分别保管其余两枚印章。支票和印鉴必须由两个以上的财务人员分别保管,不得全部交由出纳一人保管。

印章管理人员如遇特殊情况外出,事先必须将印章移交单位负责人或由负责人指定人员暂为代管,并做好交接手续。临时保管人员要履行印章管理的职责。

2. 不准私自带出印章

严禁携带印章出外使用,但因工作需要确实要带印章外出的,要提前在印章借用备查簿上登记,经财务主管批准后方可带出。

3. 保险柜存放

印章存放要有安全防范措施,谨防丢失和盗用。印章不得随意放入抽屉内保管,以免给违法违纪人员可乘之机,给国家和单位造成经济损失,如印章被盗须立即报告单位负责人,并以登报或信函形式通知有关单位,声明遗失期间盖有丢失印章的文书无效。

任务二 财务印章的使用

财务印章保管人员应严格按照规定的用途使用印章,对需要盖章的文件内容和印章使用单上载明的情况进行核对,核对无误后方可盖章。

印章保管人员盖章时应均匀用力,不能晃动,用力按下后垂直抬起,不能有毛边、缺角、重叠的现象。盖好的印迹应端正、清晰、美观、易识别。

预留银行印鉴的使用,以支票为例加以说明:

(1) 签发现金支票时印鉴的使用。现金支票一般用于单位内部提取现金。在出票人签章处即支票中间靠下的位置盖好预留在银行的印鉴(即财务专用章、法定代表人名章或出纳人员名章)。在支票背面"被背书人"栏内同正面一样加盖预留在银行的印鉴,见图8-1和图8-2。

(2) 签发转账支票时印鉴的使用。转账支票一般是对外使用。转账支票的正面盖章与现金支票相同。转账支票的背面"被背书人"栏不用再加盖本单位的印鉴。

(3) 收到转账支票时印鉴的使用。收到其他单位开出的转账支票,应在该支票背面"被背书人"栏内加盖本单位预留在银行的所有印鉴。

(4) 收到背书转账支票时印鉴的使用。在背书转账支票的背面"贴粘单处"粘一张统一格式的银行粘单,再在支票和粘单的粘接处加盖预留在银行印鉴(盖骑缝章),然后在粘单的第一个"被背书人"栏内加盖预留在银行的所有印鉴,粘单见图8-3。

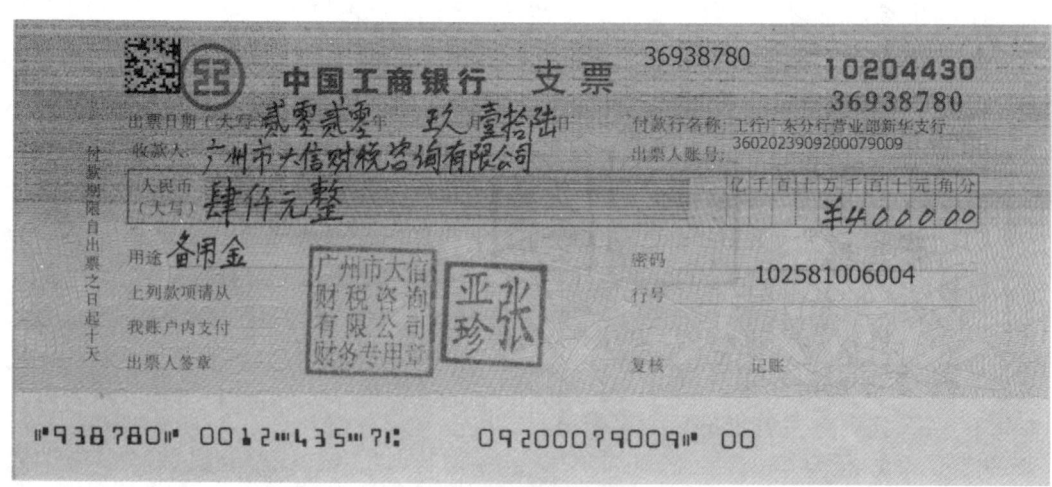

图8-1 签发支票预留印鉴正面图样

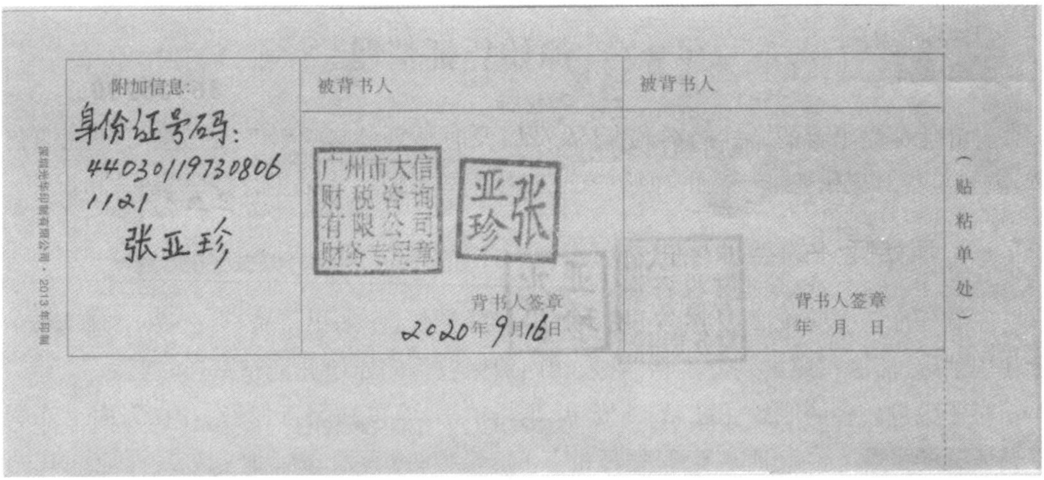

图 8-2 签发支票预留印鉴背面图样

粘 单

被背书人：	被背书人：
背书人签章 年 月 日	背书人签章 年 月 日

图 8-3 粘单图样

印章因长期使用发生磨损、单位名称改变或人员调动等原因需要更换时，应填写“更换印鉴申请书”，由开户银行发给新印鉴卡。单位须将原印鉴盖在新印鉴卡的背面，将新印鉴盖在新印鉴卡的正面，并注明启用日期，再交给开户银行。更换印鉴前已签发的支票仍然有效。

当预留在银行印鉴的印章遗失时，开户单位应当出具公函，填写“更换印鉴申请书”，由开户银行办理更换印鉴手续。遗失个人名章的由开户单位备函证明，遗失单位公章的由上级主管单位备函证明。单位经银行同意后，按规定办法更换印鉴，并在新印鉴卡上说明相关情况。

任务三 原始凭证整理

会计凭证是重要的会计档案，会计人员应及时整理装订会计凭证。会计凭证的整理，主要是指对记账凭证所附的原始凭证的整理，即对原始凭证进行排序、粘贴和折叠。

一、原始凭证的整理要求

原始凭证首先应按照报销的经费项目进行分类整理，如招待费、办公费、差旅费、车辆使用费等，然后按照类别分别粘贴，把相同费用项目的原始凭证粘贴在一起。

对于数量较多的原始凭证，如工资单、领料单等，应单独装订保管，并在封面上注明原始凭证的张数、金额、所属记账凭证的日期、编号、种类及保管地点。封面应一式两份，一份作为原始凭证装订成册的封面，封面上注明"附件"字样，另一份附在记账凭证的后面，同时在记账凭证上注明"附件另订"，以便查阅。

此外，对于如经济合同、押金收据、提货单及涉外文件等原始凭证，应另编目录，单独登记保管，并在有关的记账凭证和原始凭证上相互注明日期和编号。

原始凭证粘贴一般要求达到"四边齐、表面平、无凹凸、书本型"的标准，即表面平整，左边和中间无凹凸现象，上下左右各成平面；凭证内部分类清晰、位置到位、排列美观、数量易记。

二、原始凭证的粘贴规则

会计工作中取得的原始凭证往往大小不一、纸张有厚有薄，因此，需要按照记账凭证的大小进行有序排列、折叠和粘贴，以便下一步装订成册。

原始凭证粘贴规则是从下向上，从右向左，齐线齐边，超大剪折。具体操作时，需粘牢原始凭证的左侧部分；不用将背面全部贴实；将褶皱的凭证摊开、压平；对破损的凭证还要进行修补。

三、原始凭证的粘贴方法

以票据粘贴单规格为标准，原始凭证可分为一般凭证、同规格凭证、超大凭证三种。

1. 一般凭证的粘贴

实际工作中，此类凭证数量最多。该类凭证经过初步整理后，按照"从下向上，从右向左"的方式粘贴。从粘贴纸的右下角开始，齐线齐边的下贴一张、上贴一张，适度左移后再下贴一张、上贴一张，粘贴的距离根据凭证数量的多少来确定，但必须在粘贴纸左侧留出装订的位置。尺寸太小的凭证如公共汽车票，可按下、中、上或右、中、左的方式进行复式粘贴，但不能累压粘贴。如果凭证数量少，可下贴一张、上贴一张或右贴一张、左贴一张;但凭证数量多时,就要均匀排列,不能贴成"大肚子"。必要的时候,可以多次重复使用票据粘贴单。

2. 同规格凭证的粘贴

一般情况下,与票据粘贴单大小完全相同的原始凭证较少,如长度相同,考虑粘贴的宽度;如宽度相同,则考虑粘贴的长度。剩下的步骤,可以参照一般凭证的粘贴方法。

3. 超大凭证的粘贴

会计工作中,还会经常遇到规格比票据粘贴单大很多的原始凭证,在粘贴时先要进行分类:不影响主要内容的,可将多余部分修剪后再粘贴;不能修剪的,通过折叠的办法处理,一般方法为齐左折右或齐上折下,并要在装订位置适度粘贴,右折和下折位置也要留有余地,以免造成日后凭证磨损。

如果同类票据大小不一样,可以在同一张票据粘贴单上按照先大后小的顺序粘贴;票据较多时可使用多张票据粘贴单。一张粘贴单粘贴数量最多不可超过30张。

四、原始凭证粘贴的注意事项

(1) 不要将票据集中在粘贴纸中间,以免造成中间厚四周薄、凭证装订起来不整齐的现象;每张单据均应直接粘贴在单据粘贴单上,而不能单据粘在单据上,以免日后全部脱落丢失;粘贴的原始凭证必须在粘贴单的装订线内,上方及右方不得超出粘贴线,个别规格参差不齐的凭证,可先裁边整理后再行粘贴,但必须保证原始凭证内容的完整性。

(2) 不能把原始凭证用订书钉钉在一起、用曲别针夹在一起、用大头针穿在一起或把原始凭证摞成一叠粘在一起。

任务四 会计凭证装订

会计凭证的装订是指将整理完毕的会计凭证按照编号顺序,外加封面、封底和包角,装订成册,并在装订线上加贴封签的过程。

一、装订前的准备工作

会计凭证的装订要求既美观大方又便于翻阅,因此在装订时要先设计好装订册数及每册的厚度。通常一本凭证,厚度以2厘米左右为宜,太薄不利于戳立放置,太厚不便于翻阅核查。凭证装订册数根据凭证的多少来定,原则上以月份为单位装订,每月装订成一册或若干册(在凭证封面上注明本册数和本月总计册数)。若单位业务量小,凭证不多,可把若干个月份的凭证合并订成一册,但必须在凭证封面注明本册所含的凭证月份。

装订前,准备好专用装订机或小手电钻、线绳、铁夹、胶水、凭证封面、包角纸等,以会计凭证的左上侧为基准、放齐,准备装订。

由于整理原始凭证时折叠、粘贴过多,导致一本凭证中间厚、装订线位置薄,订出的凭证非常不规范,因此在装订凭证时要特别注意这一点。可用一些纸折成长方形纸条,均匀地垫在装订线位置,加高、使其与凭证中间的厚度保持一致。

会计凭证封面应写明单位名称、记账凭证的种类、起讫日期、起讫号数、年度、月份、记账凭证、原始凭证的张数、会计主管人员和装订人员姓名等,并在封签处加盖会计主管的骑缝图章。

二、装订方法

1. 侧订法

侧订法是在左侧打孔装订的方法。装订时以底边和左侧为准,墩齐、夹紧,在距左边沿 1.5 厘米处均匀打 2 或 3 个孔,穿好线绳,在背面打结系紧后,剪掉多余绳头,用胶水粘好凭证封皮。

2. 角订法

具体操作步骤见图 8-4。

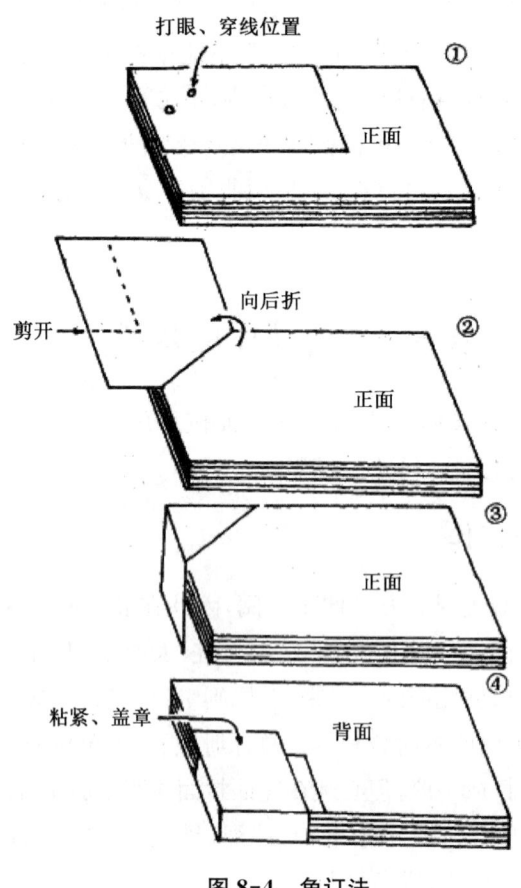

图 8-4　角订法

(1) 将凭证封面和封底裁开,分别附在凭证前面和后面,再拿一张质地相同的纸(可再找一张凭证封皮,剪下一半用,另一半为订下一本凭证备用)放在封面上角,做护角线。

(2) 在凭证的左上角画一边长为 5 厘米的等腰三角形,用夹子夹紧,用装订机在底线上分布均匀地打两个眼。

(3) 用大针引线绳穿过两个眼儿,如果没有针,可以将回形别针顺直,再将两端折向同一个方向,将线绳从中间穿过并夹紧,即可把线引过来。

(4) 在凭证的背面打结,线绳最好把凭证两端也系上。

(5) 将护角向左上侧折,并将一侧剪开至凭证的左上角,然后抹上胶水。

(6) 向后折叠,并将侧面和背面的线绳扣粘死。

(7) 待晾干后,在凭证本的侧脊上面写上"某年某月第几册共几册的字样"。装订人在装订线封签处签名或者盖章。

3. 财务装订机

随着技术的发展和智能化应用的推动,财务装订机应运而生。财务装订机是一种为企事业单位的财务凭证保存而发明的办公用设备。财务装订机采用热压尼龙管成型的装订方法,代替传统穿线的装订方法,装订性能较好且方便快捷。市场上的财务装订机型号很多,有手动装订机、自动装订机、半自动装订机和全自动装订机,虽然型号不同,但工作原理基本相同。财务装订机操作步骤如下:

(1) 接通电源,按"电源开关"键至"I"的位置,电源红色指示灯亮起,见图 8-5。

(2) 调整边距。设定装订孔距离凭证边界的尺寸。应先明确所需设定的距离(范围为 3~20 mm),前后移动工作台至所需位置后,用工作台锁定销锁紧工作台。

图 8-5 打开电源开关

（3）检查打孔的位置并按"下降"键，钻头下移至所需装订文件上方时松开按键并确认装订位置是否合适，按"打孔"键打孔，再按"复位"键，使钻头复位，见图8-6和图8-7。

图8-6 放进凭证

图8-7 打孔按键

（4）按下"启动"键，钻刀旋转并自动下降钻孔，钻孔完成后，钻刀自动上升回到原位，切管机同时切下一段合适长度的胶管并落入接管盒槽内，见图8-8和图8-9。

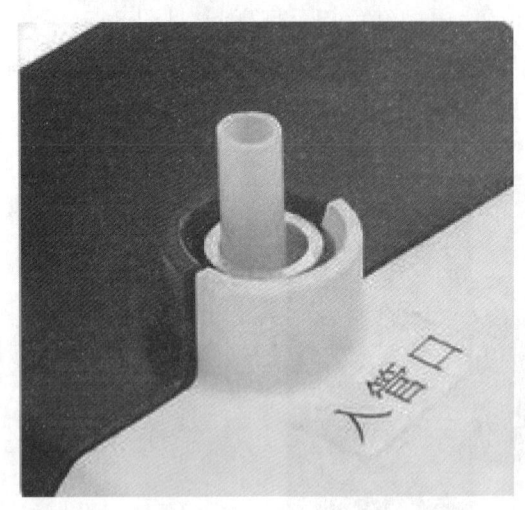

图8-8 入管口

图8-9 接管盒切好的胶管

（5）取出接管槽内已切好的胶管，当"预热"指示灯亮起，将胶管穿过凭证的孔内，移至下热铆头上方，使热铆针穿过胶管并确认已进入下热铆头针孔内，按"装订"键装订凭证，装订工作完成，见图8-10至图8-13。

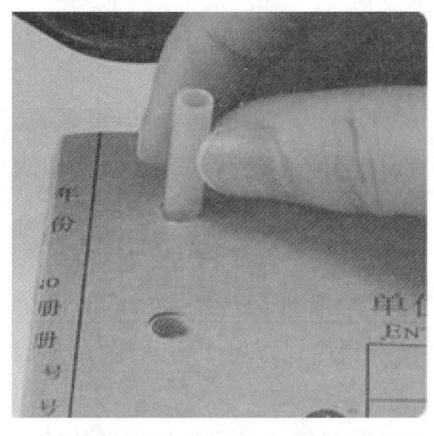

图 8-10　插入切好的胶管

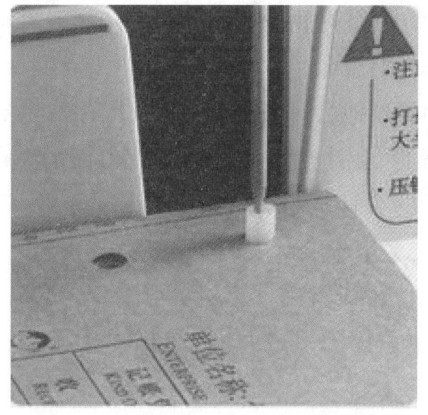

图 8-11　导向针拨起后插入胶管内

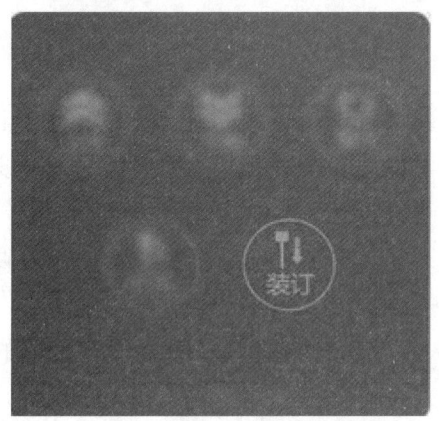

图 8-12　装订按键

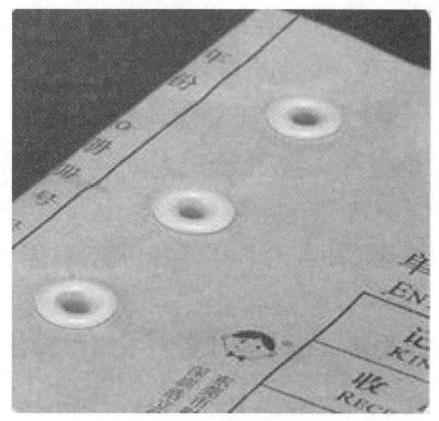

图 8-13　装订完成

（6）打孔后产生的纸屑会落在机器下方的纸屑盒内，需要及时清理。

任务五　会计档案保管

会计档案是指单位在进行会计核算等过程中接收或形成的，记录和反映单位经济业务事项的，具有保存价值的文字、图表等各种形式的会计资料，包括通过计算机等电子设备形成、传输和存储的电子会计档案。

财政部、国家档案局令第 79 号发布的《会计档案管理办法》，自 2016 年 1 月 1 日起施行。

一、应归档的会计档案

（一）纸质会计资料

（1）会计凭证，包括原始凭证、记账凭证。

(2)会计账簿,包括总账、明细账、日记账、固定资产卡片及其他辅助性账簿。

(3)财务会计报告,包括月度、季度、半年度和年度财务会计报告。

(4)其他会计资料,包括银行存款余额调节表、银行对账单、纳税申报表、会计档案移交清册、会计档案保管清册、会计档案销毁清册、会计档案鉴定意见书及其他具有保存价值的会计资料。

(二)电子会计资料

单位可以利用计算机、网络通信等信息技术手段管理会计档案。同时满足下列条件的,单位内部形成的属于归档范围的电子会计资料可仅以电子形式保存,形成电子会计档案。

(1)形成的电子会计资料来源真实有效,由计算机等电子设备形成和传输。

(2)使用的会计核算系统能够准确、完整、有效接收和读取电子会计资料,能够输出符合国家标准归档格式的会计凭证、会计账簿、财务会计报表等会计资料,设定了经办、审核、审批等必要的审签程序。

(3)使用的电子档案管理系统能够有效接收、管理、利用电子会计档案,符合电子档案的长期保管要求,并建立了电子会计档案与相关联的其他纸质会计档案的检索关系。

(4)采取有效措施,防止电子会计档案被篡改。

(5)建立电子会计档案备份制度,能够有效防范自然灾害、意外事故和人为破坏的影响。

(6)形成的电子会计资料不属于具有永久保存价值或者其他重要保存价值的会计档案。

(7)满足上述规定条件,单位从外部接收的电子会计资料附有符合《中华人民共和国电子签名法》规定的电子签名的,可仅以电子形式归档保存,形成电子会计档案。

二、会计档案保管的相关规定

(1)单位的会计机构或会计人员所属机构(统称单位会计管理机构)按照归档范围和归档要求,负责定期将应当归档的会计资料整理立卷,编制会计档案保管清册。

(2)当年形成的会计档案,在会计年度终了后,可由单位会计管理机构临时保管1年,再移交单位档案管理机构保管。因工作需要确需推迟移交的,应当经单位档案管理机构同意。

(3)单位会计管理机构临时保管会计档案最长不超过3年。临时保管期间,会计档案的保管应当符合国家档案管理的有关规定,且出纳人员不得兼管会计档案。

(4)单位会计管理机构在办理会计档案移交时,应当编制会计档案移交清册,并按照国家档案管理的有关规定办理移交手续。

纸质会计档案移交时应当保持原卷的封装。电子会计档案移交时应当将电子会计档案及其原数据一并移交,且文件格式应当符合国家档案管理的有关规定。特殊格式的电子会计档案应当与其读取平台一并移交。

单位档案管理机构接收电子会计档案时,应当对电子会计档案的准确性、完整性、可用性、安全性进行检测,符合要求的才能接收。

建设单位在项目建设期间形成的会计档案,需要移交给建设项目接受单位的,应当在办理竣工财务决算后及时移交,并按照规定办理交接手续。

(5) 单位应当严格按照相关制度使用会计档案,在进行会计档案查阅、复制、借出时履行登记手续,严禁篡改和损坏。

单位保存的会计档案一般不得对外借出。确因工作需要且根据国家有关规定必须借出的,应当严格按照规定办理相关手续。

会计档案借用单位应当妥善保管和利用借入的会计档案,确保借入会计档案的安全完整,并在规定时间内归还。

(6) 单位委托中介机构代理记账的,应当在签订的书面委托合同中,明确会计档案的管理要求及相应责任。

三、会计档案保管的期限

会计档案的保管期限分为永久、定期两类。定期保管期限一般分为 10 年和 30 年。会计档案的保管期限,从会计年度终了后的第一天算起。企业会计档案保管期限见表 8-1。

表 8-1 企业和其他组织会计档案保管期限表

序号	档案名称	保管期限	备注
一	会计凭证		
1	原始凭证	30 年	
2	记账凭证	30 年	
二	会计账簿		
3	总账	30 年	
4	明细账	30 年	
5	日记账	30 年	
6	固定资产卡片		固定资产报废清理后保管 5 年
7	其他辅助性账簿	30 年	
三	财务会计报告		

(续表)

序号	档案名称	保管期限	备注
8	月度、季度、半年度财务会计报告	10年	
9	年度财务会计报告	永久	
四	其他会计资料		
10	银行存款余额调节表	10年	
11	银行对账单	10年	
12	纳税申报表	10年	
13	会计档案移交清册	30年	
14	会计档案保管清册	永久	
15	会计档案销毁清册	永久	
16	会计档案鉴定意见书	永久	

四、会计档案保管期满的处理

单位应当定期对已到保管期限的会计档案进行鉴定，并形成会计档案鉴定意见书。经鉴定后仍需继续保存的会计档案，应当重新划定保管期限；对保管期满且确无保存价值的会计档案，可以销毁。会计档案鉴定工作应当由单位档案管理机构牵头，组织单位会计、审计、纪检监察等机构或人员共同进行。

经鉴定可以销毁的会计档案，应当按照以下程序销毁。

（1）单位档案管理机构编制会计档案销毁清册，列明拟销毁会计档案的名称、卷号、册数、起止年度、档案编号、应保管期限、已保管期限和销毁时间等内容。

（2）单位负责人、档案管理机构负责人、会计管理机构负责人、档案管理机构经办人、会计管理机构经办人在会计档案销毁清册上签署意见。

（3）单位档案管理机构负责组织会计档案销毁工作，并与会计管理机构共同派员监销。监销人在会计档案销毁前，应当按照会计档案销毁清册所列内容进行清点核对；在会计档案销毁后，应当在会计档案销毁清册上签名或盖章。

（4）电子会计档案的销毁还应当符合国家有关电子档案的规定，并由单位档案管理机构、会计管理机构和信息系统管理机构共同派员监销。

保管期满但未结清的债权债务会计凭证和涉及其他未了事项的会计凭证不得销毁，纸质会计档案应当单独抽出立卷，电子会计档案单独转存，保管到未了事项完结时为止。

单独抽出立卷或转存的会计档案，应当在会计档案鉴定意见书、会计档案销毁清册和会计档案保管清册中列明。

知识拓展

财务结算中心舞弊案的内控启示

一、案例简介

原广东省某总公司财务结算中心主任助理吴某利用职务便利,短短两年时间就贪污公司800余万元用于赌博和挥霍。经广州中院审理查明,2002年5月至2004年9月间,吴某担任财务结算中心主任助理、会计,负责业务结算复核、结算凭证的计算机录入、计息及资金成本的核算等工作。吴某利用上述职务便利,先后作案49次,将843余万元据为己有。

令人吃惊的是,虽然吴某一再贪污公司的巨额资金,公司却毫无察觉,直到2004年10月吴某因生活作风问题被企业劝退时公司仍未能发现吴某的犯罪行为。2005年1月,在吴某离职达4个月之后,总公司在年终核算其下属企业现金流量时才发现公司竟有800多万元资金不知去向,公司领导立刻报案。

结算中心实际上就是总公司的内部银行,是公司为了提高资金的管理效率和加强对下属分公司的控制而设置的机构。该中心负责监督下属企业的财务状况,要求下属企业将资金全部上存到总公司的结算中心,而结算中心如银行那样支付利息给下属企业。正是这样一个本来要严格公司财务管理的结算中心,日后却成了吴某源源不断的提款机。吴某因赌球被庄家逼债,终于将罪恶的双手伸向了各分公司的上缴资金。

早有预谋的吴某在现金收款单上偷偷盖上结算中心的公章和结算中心出纳杜某的私章,来到总公司下属的广州燕塘房地产开发公司领取上缴的现金。吴某对分公司出纳说:"结算中心出纳杜某是女的,来拿这么多的现金不太安全,你就把钱交给我吧。"分公司的出纳和吴某平时很熟,又见他出示了盖有结算中心公章和杜某私章的收款单,便把一笔10多万元的现金交给了吴某。

为掩盖其犯罪行为,吴某于事后销毁了其伪造的收款原始凭证底本,并利用工作便利,通过在结算中心电子财务报表上虚列利息支出的方式,凭空增加了10多万的利息给分公司,使在总公司结算中心的燕塘房地产公司账目持平。这样,虽然总公司和下属企业每月例行对账,但隐藏在应付利息内部的勾当却未能被及时暴露。就这样,尝到甜头之后,吴某利用公司领导对自己的信任和手中的职权,用同样的手法两年期间先后作案49次侵吞公司的巨额财产。

二、案例分析

吴某作案手法并不高明,方法也非常单一,也就是不断从下属企业冒领上缴资金并用多计利息支出的方法来平账,但公司在内部控制上的漏洞却使得吴某能够屡屡蒙混过关。

(一) 公司印章和凭证管理不严

吴某能够从下属企业中领出上缴的资金的前提就是要能够开具相关的收款凭证。虽然他并不具备相关的手续,但由于公司对于公司章、私章和凭证管理的混乱使他找到了机会。原来公司章虽不在吴某手里,而由于疏忽和麻痹大意,公司章和其他财务人员的个人私章就放在桌子上,使得吴某唾手可得。公司对于凭证的管理也是随意放在没有锁的抽屉里,给吴某提供了轻易下手的机会。这样,吴某偷来收款凭证,盖上同样是偷来的公司章和其他财务人员的私章,伪造收款凭证,取得了到下属企业收款的合法手续。

(二) 虽有岗位分工,执行却显不力

内部控制的一个根本原则就是要不相容职务分离,相互制约。案例中企业也有着不相容职务分离的制度安排。如吴某的工作是负责复核、计算机录入和利息计算,而收款则是出纳人员的工作。出纳员在货币资金内部控制中,应当负责货币资金的收支和保管,现金和银行存款日记账的登记等工作。但虽有规定,执行起来时却被吴某轻松跳过,吴某利用自己在总公司和下属企业人头熟的条件,在取得收款凭证以后,直接就到下属企业收款。

(三) 审计与监督形同虚设

总公司在收上来款项以后,每月都会跟下属企业对一次账,确保资金往来准确无误。但令人遗憾的是,总公司与下属企业每月例行的对账也仅仅是看总额是否正确,即总公司应付下属企业款和下属企业应收总公司款是否总额一致,并未检查总公司应付下属企业款中收缴资金和应付利息的明细账是否与下属企业一致。吴某正是利用总公司和下属企业对账不核对明细账的漏洞,悄悄地给下属企业多计利息,填补其装入自己口袋的下属企业上缴资金,把账抹平,给人造成一种总公司与下属公司往来总额一致的假象。因为吴某的工作职责之一就是负责资金成本的核算,怎样计息,全凭吴某一个人说了算,根本没有人对吴某的计息工作复核,使得其操纵"应付利息"有恃无恐。

在年度审计时,总公司也只关注财务部账目,对结算中心的账目不是很重视,这更是给吴某提供了机会、壮了胆,结算中心也就在吴某的阴谋中逐渐成了他的提款机。

三、案例启示

(一) 切实做到不相容职务分离,严格授权制度

企业必须严格坚持钱账分管原则,严格控制会计人员通过代理货币资金收支等非法接触企业货币资金。会计员应负责收付款原始凭证的复核,收、付款记账凭证的编制,总分类账的登记,明细分类账的登记,会计账目的稽核,会计档案的保管等记录性的工作,会计员不得以任何方式接触企业的货币资金。

本案例中,吴某在工作职责上非常明确,是负责业务结算复核、结算凭证的计算机

录入等会计工作,并不能接触现金业务。企业的收款应经过授权批准,吴某并没有权力去收款。但在实际执行中,吴某却利用人头熟的便利条件,代替出纳到下属企业冒领资金,犯了钱账不能同管的大忌,这才导致其犯罪得逞。

(二)规范财务制度,保管好印章、重要凭证

规范的财务制度是企业减少舞弊保护资产安全的前提,印章和重要凭证的管理是其中重要的内容。公司章、财务章、个人私章等都应有专门的管理规范,尤其是公司章、财务章的保管、授权使用、使用登记都应有严格的控制,因为公司章、财务章代表了公司的授权,具有法律效力。各种印章的使用应实行一般授权与特殊授权相结合,各种印章使用情况应作详细登记,机构和人员变动时应及时收缴和更换印章。对于重要凭证,应指定专人负责收据的购置、保管、领用和登记,建立严格的岗位责任制。企业应定期对收据的购买、保管、领用和登记进行稽核和审计,发现问题要严肃处理。企业应分别设置外购收据和自制收据登记簿,详细登记收据增减变动情况;经常盘点收据的安全、完整性,妥善保管好各种收据,防止空白收据的遗失和被盗用;所有收据必须事先连续编号,顺序使用;作废的收据应加盖"作废"章,并附在存根之后妥善保管。

具体到本案例,企业收取现金必须开具收据,这是保证现金及时、足额入账的基础。只有控制住收据的完整性和真实性,才能控制收入入账的足额性。而吴某正是利用公司管理的漏洞,伪造了收款凭证,使得其到下属企业冒领收款轻而易举。

(三)完善对账机制,既要核对余额,也应核对发生额

往来账对账是内控的一项重要措施,但在对账时很多企业往往关注余额是否相符,一旦余额相符,很多企业便认为可以了。殊不知,有些舞弊就是通过虚构发生额而不影响余额方式来实施的,比如本案例中收款不入账,通过总公司虚构利息支出,仅靠核对余额就难以发现,但如果对发生加以核对就可以发现。还有些资金挪用采用期初挪用、期末归还方式的,如果仅仅核对余额往往也不会发现。

(四)完善内部审计,促进发挥内部控制实效

越来越多的企业认识到了内部控制的重要性,纷纷把内部控制当作一个防范公司舞弊、保护公司资产安全的一个重要举措,但由于成本等限制,内部控制本身也具有局限性。内部控制有效实施还需内部审计、外部审计等配套制度的建立和完善,这些控制机制相辅相成,共同形成综合的、多层面性的反舞弊防线,才能有效地检查和防止舞弊发生,降低组织运营的风险。

在本案例中,虽然公司的财务管理、内部控制制度存在漏洞,但如果公司例行审计、稽核能够作到细致一些、完善一些,吴某的罪行可能早就会败露出来。甚至可能由于提高事后被发现的可能性,使得本具有犯罪动机的人也会望而却步。

(资料来源:中国会计报)

课后任务

一、目的

1. 加强学生对印章严格管理的认知,熟练掌握预留银行印鉴在会计工作中的应用。
2. 通过练习,使学生了解并熟悉会计凭证整理和会计档案保管等知识。

二、要求及任务

1. 李梅是广州市伟明公司出纳员。公司开户行名称:工行花都新华支行;银行账号:8602023909200058760。

(1) 2020年8月20日李梅从开户行提取现金5 000元备用,请你帮助李梅填写一张现金支票,见图8-14。

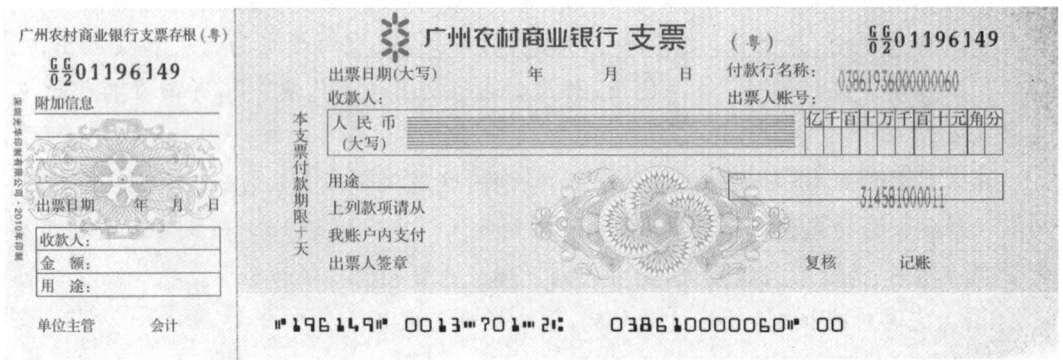

图8-14 现金支票的填写

(2) 2020年8月26日,广州市伟明公司向广州市电力公司支付电费10 000元,请你帮助李梅填写一张转账支票,见图8-15。

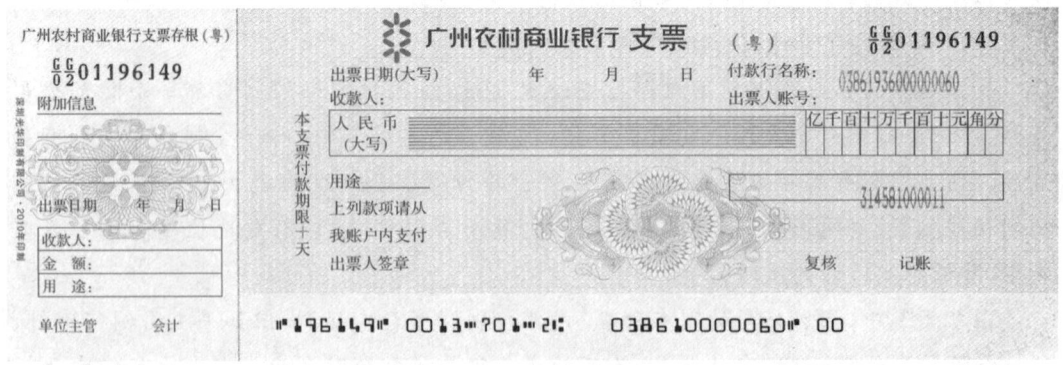

图8-15 转账支票的填写

2. 思考题。

(1) 应怎样整理纸张面积略小于记账凭证的原始凭证、纸张面积过小的原始凭证和纸张面积大于记账凭证的原始凭证?

(2) 请分别采用侧订法和角订法练习装订记账凭证。

(3) 原始凭证、总账、明细账、日记账、年度财务报告、银行对账单、固定资产卡片、纳税申报表、会计移交清册、会计档案销毁清册的保管期限分别是多久?

项目九 输入技能

学习目标

1. 知识目标
- 了解输入法的种类
- 理解各种输入法的原理
2. 能力目标
- 掌握键盘指法
- 熟练使用一种输入法
- 熟练使用会计符号

案例导入

2013年12月21至22日,"全国汉字输入大赛"总决赛在信阳市平桥区公共实训基地举行,有16支团体代表队、12名个人选手共57人入围本届汉字输入总决赛。参赛选手所选用的输入法为大赛预装的"王码大一统五笔字型"输入软件或搜狗拼音输入法。参赛选手均双眼紧盯显示器、十指翻飞,输入速度较一般电脑用户快很多。大赛公布的选手成绩显示,来自辽宁的34岁银行职员王士辉以连续文本、离散文本、混合文本、古典文本4个单项冠军的好成绩荣登榜首。他使用五笔输入法以每分钟输入175个汉字的成绩创造了10年来全国汉字输入大赛的最高纪录。在参加总决赛的57名选手中,有8位选手使用拼音输入,而此次总决赛结果显示,排在前29名的选手,都采用五笔输入法。8个使用拼音输入法的选手中,最快打字速度每分钟不超过70个字。

任务一 键盘录入基础

一、键盘录入姿势

采用键盘录入,调整坐姿时可参考以下标准。

（1）操作时坐姿应正确舒适,电脑屏幕中心位置安装在与操作者胸部同一水平线上,腰背挺直,身体微向前倾,胸部与键盘的距离为 10 厘米左右,两脚平放地上,切勿交叉或单脚立地。

（2）眼睛与屏幕的距离应保持在 50~60 厘米,显示器屏幕位置应在视线以下 10~20 度角。

（3）手腕与键盘下边框保持一定的距离,以 1 厘米为宜。

（4）牢记三个 90 度原则:正确的坐姿是腰部挺直,腰部与双大腿保持 90 度角;双大腿与双小腿保持 90 度角;上肢的上臂与前臂也需要保持 90 度角。正确的键盘录入姿势见图 9-1。

图 9-1　键盘录入姿势

二、键盘指法训练

击键时,手指略向内弯曲,以指头快速地在键上敲击,瞬间发力,并立即反弹(注意一定不要以指尖击键,且应注意是"敲"而不是用力"按")。手指和手腕要灵活,不要靠手臂的运动来找到键位。敲键盘时,只有击键手指做动作,其他手指放在基本键位不动。击键的速度要均匀,用力要轻,有节奏感,不可用力过猛,按键过重。击键完毕后,手指迅速回到基本键位上,准备下一次击键。

(一) 手指分工

为了提高按键速度,键盘设计基准键,基准键位于键盘的第二行。在操作键盘时,一定要注意手指的分工,而且在按键的短暂空闲时间。

在操作键盘时,每一个手指都有其相对固定的按键,具体分工如下。

(1) 左小指：[`]、[1]、[Q]、[A]、[Z]。
(2) 左无名指：[2]、[W]、[S]、[X]。
(3) 左中指：[3]、[E]、[D]、[C]。
(4) 左食指：[4]、[5]、[R]、[T]、[F]、[G]、[V]、[B]。
(5) 左、右拇指：空白键。
(6) 右食指：[6]、[7]、[Y]、[U]、[H]、[J]、[N]、[M]。
(7) 右中指：[8]、[I]、[K]、[,]。
(8) 右无名指：[9]、[O]、[L]、[.]。
(9) 右小指：[0]、[—]、[=]、[P]、[;]、[']、[/]、[\]。

正确的手指摆放见图 9-2。

图 9-2　手指分工

(二) 击键要点

1. 击键技巧

击键前，两手放松，食指、中指、无名指和小指均自然弯曲，依次轻放于各基准键位，两个大拇指停留在空格键上方，手掌与键面基本平行。

击键时，对应手指从基准键位出发迅速移向目标键（当目标键较远时允许小臂带动手掌做适度的轻微移动），当指尖在目标键上方 2 厘米左右时，指关节瞬间发力，以第一指关节的指肚前端（切忌用指甲）击键，力度适中，每次只击打一键。

击键后，手指应立即回归到基准键位，恢复击键前的手形。

2. 动作要领

操作电脑键盘时，主要的用力部位是指关节，而不是手腕。这是初学时的基本要求。待练到高级阶段，手指敏感度增强，才发展为指力与腕力相结合。

以指端垂直向键盘使用冲击力，在瞬间发力，并立即反弹。在打空格键时，也应注意瞬间发力，立即反弹，要体会和掌握手指动作的运动规律和协调性，使击键有节奏感。

任务二 输入法介绍

一、五笔字型输入法

五笔字型输入法是王永民教授在1983年8月发明的一种汉字输入法,因为发明人姓王,所以也称为"王码五笔"。五笔字型完全依据笔画和字形特征对汉字进行编码,是典型的形码输入法。该输入法把组成所有汉字的笔画都归类成横(包括提)、竖(包括左竖钩)、撇、捺(包括点)、折(包括右竖钩)五种基本的笔画,结合汉字左右型,上下型,杂合型三种字型组成所有的汉字。它具有学习简单、重码率低、适合盲打、录入速度快等诸多优点。经过几十年的演变,出现了更多更方便的五笔输入法,如极点五笔、万能五笔、海峰五笔、智能五笔、龙文五笔、QQ五笔、搜狗五笔等,均为个人或企业所开发的五笔输入法软件,但大部分采用"王码五笔"编码标准。

(一) 汉字的结构和字形

1. 汉字的结构

五笔字型将汉字划分为笔画、字根和单字三个层次。

笔画是在写汉字时,一次书写成的连续不断的线条。按笔画的运笔方向,汉字可归纳为横、竖、撇、捺、折5种。将这5种笔画依次用1、2、3、4、5作为笔画代号,见表9-1。

表9-1 五笔字型笔画

代号	笔画名称	笔画走向	笔形
1	横	左→右	一
2	竖	上→下	丨
3	撇	右上→左下	丿
4	捺	左上→右下	丶
5	折	带转折	乙

字根由若干笔画交叉连接形成的相对不变的结构。对大多数字根都是汉语字典中的部首图形,五笔字型编码方案中,大约选取了130种字根作为组字的基本单元,称之为字根。

汉字就是由一个或多个字根组成的。字根之间的位置关系反映了汉字的整体结构,字根之间的位置关系有4种:

(1) 单:指汉字由一个基本字根构成,如"一、子、言"等。

(2) 散:指构成汉字的基本字根之间保持一定的距离,分散组合而成,如"和、横、能"等。

(3) 连:指单笔画字根与基本字根相连而构成的汉字,如"生、千、万"等。

(4) 交:指构成汉字的基本字根之间是交叉重叠在一起的,如"成、应、里"等。

2. 汉字的字形

汉字的字形可分为左右型、上下型和杂合性三类。

左右型:汉字存在明显的左、右或者是左、中、右结构,字根之间有一定的左右距离,如"位、根、和、据"等。

上下型:汉字存在明显的上、下或者是上、中、下结构,字根具有一定的上下距离,如"笔、型、字、罢"等。

杂合型:汉字在结构上没有明显的左右或上下型关系,如"天、本、力、为"等。

五笔字型输入法为实现汉字的计算机输入,首先把汉字拆分成几个基本字根,然后通过敲击这些字根的所在键,完成汉字的输入。拆字是组字的逆过程,基本字根的优选及键位分配,为五笔字型汉字输入技术提供了基本的"结构配件",但并不能完全解决正确的输入程序。例如上午的"午"字,是先输入头两笔再输入"十"呢,还是先输入头三笔再输入一竖? 这两种输入中的四个字根均为基本字根,如果每个人都按照自己的意思进行输入,就不能形成统一而规范的输入码,为此,必须解决好汉字的拆分原则。

拆分有基本准则,即约定俗成的书写习惯:先上后下,先左后右,先外后内。因此一个汉字,只要是字根表中没有的笔画结构,均应按书写习惯依次拆分成字根总表中已有的最大字根,直到把整个汉字拆分完毕。所谓最大字根,就是该字根再增加一笔就不能形成已有的基本字根。五笔字型的汉字拆分原则可总结为:取大优先,兼顾直观,能连不交,能散不连。

(二) 五笔字根助记词

五笔字型选取了组字能力强、使用频度高的130个汉字图形部件作为基本字根,所有的汉字都可以拆分成这些字根。学习五笔第一步要先学习五笔输入法字根表,学好了字根,再学习五笔就很简单了。

五笔字型字根助记词见表9-2至表9-5。

表9-2 "横"类五笔字型字根助记词

编码	字母	助记词	一级简码
11	G	王旁青头戈五一	一
12	F	土士二干十寸雨	地
13	D	大犬三羊古石厂	在
14	S	木丁西	要
15	A	工戈草头右框七	工

表 9-3 "竖"类五笔字型字根助记词

编码	字母	助记词	一级简码
21	H	目具上止卜虎皮	上
22	J	日早两竖与虫依	是
23	K	口与川，字根稀	中
24	L	田甲方框四车力	国
25	M	山由贝，下框几	同

表 9-4 "撇"类五笔字型字根助记词

编码	字母	助记词	一级简码
31	T	禾竹一撇双人立，反文条头共三一	和
32	R	白手看头三二斤	的
33	E	月衫乃用家衣底	有
34	W	人和八，三四里	人
35	Q	金勺缺点无尾鱼，犬旁留乂儿一点夕，氏无七	我

表 9-5 "捺"类五笔字型字根助记词

编码	字母	助记词	一级简码
41	Y	言文方广在四一，高头一捺谁人去	主
42	U	立辛两点六门病	产
43	I	水旁兴头小倒立	不
44	O	火业头，四点米	为
45	P	之宝盖，摘礻(示)衤(衣)	这

表 9-6 "折"类五笔字型字根助记词

编码	字母	助记词	一级简码
51	N	已半巳满不出己，左框折尸心和羽	民
52	B	子耳了也框向上	了
53	V	女刀九臼山朝西	发
54	C	又巴马，丢矢矣	以
55	X	慈母无心弓和匕，幼无力	经

按五笔字型的分区划位规则,把130个字根分配到键盘上,就构成了五笔字型字根键盘。键盘对应于字根的区位也划分为五大区,每一区分为五位,用 A 到 Y(除 Z 键)25个键位。1区位横区,1~5位的键位分别是 GFDSA;2区为竖区,1~5位的键位分别是 HJKLM;3区为撇区,1~5位的键位分别是 TREWQ;4区为捺区,1~5位的键位分别是 YUIOP;5区为折区,1~5的键位分别是 NBVCX。具体分布见图9-3。

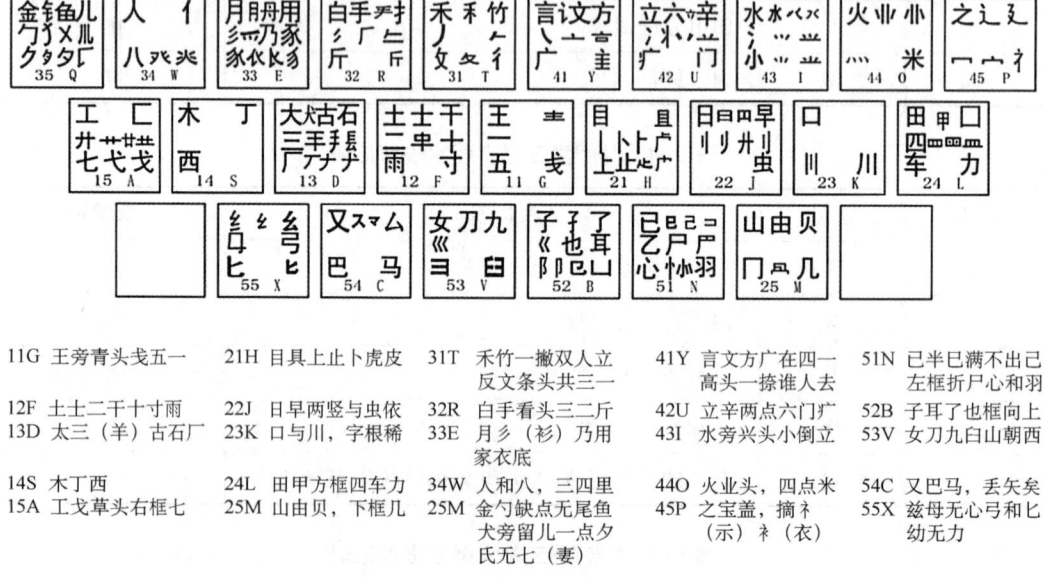

11G 王旁青头戈五一	21H 目具上止卜虎皮	31T 禾竹一撇双人立 反文条头共三一	41Y 言文方广在四一 高头一捺谁人去	51N 已半巳满不出己 左框折尸心和羽
12F 土士二干十寸雨	22J 日早两竖与虫依	32R 白手看头三二斤	42U 立辛两点六门疒	52B 子耳了也框向上
13D 大三(羊)古石厂	23K 口与川,字根稀	33E 月彡(衫)乃用家衣底	43I 水旁兴头小倒立	53V 刀九臼山朝西
14S 木丁西	24L 田甲方框四车力	34W 人和八,三四里	44O 火业头,四点米	54C 又巴马,丢矢矣
15A 工戈草头右框七	25M 山由贝,下框几	35Q 金勺缺点无尾鱼 犬旁留乂一点夕 氏无七(妻)	45P 之宝盖,摘ネ (示) 衤 (衣)	55X 兹母无心弓和匕 幼无力

图9-3 五笔字型键盘字根总图

(三) 五笔字型输入原理

掌握了基本字根的键位和汉字的拆分原则,就可以为汉字编码并进行汉字输入了。五笔字型的汉字输入为四码输入,也即四键输入,不足四键的补空格键表示结束。下面分几种情况介绍汉字输入的编码规则。

1. 键名字根的编码与输入

五笔字型的键盘共分5个区,25个键位,每个键位上设置了一个中文键名字,称为键名字根。它们本身就是一个汉字,同时它们又是组字频率较高、形体上又有一定代表性的基本字根,当需要输入键名汉字时,只要将它们所在的键连击四次即可。例如,王(GGGG)、目(HHHH)、禾(TTTT)等。

2. 成字字根的编码与输入

在130种基本字根中,除25个键名字根外,还有几十个基本字根本身也是汉字,称之为"成字字根",当它们作为汉字输入时,编码方法都采用统一的规定,此规定可以用一个公式表示为:

成字字根打法＝键位代码(报户口)＋首笔代码＋次笔代码＋末笔代码

键位代码即成字字根所在的键位,也就是说,要输入成字字根时,要先敲一下它所在的键位,俗称"报户口",然后再依次取该字根首笔代码、次笔代码及末笔代码,合在一起正好四码。例如,石(DGTG)、方(YYGN)等。

3. 一般汉字的编码与输入

(1) 不足4码的汉字,即组成汉字的基本字根不超过4个,顺次击各字根所在键,并补空格键即可实现。例如,清(IGEU)、样(SUDU)等。

(2) 刚好4码的汉字,即正好有4个基本字根组成的汉字,顺次击各字根所在键,即顺次输入4个字根代码即可实现。例如,"照"字由"日、刀、口、灬"4个基本字根组成,只要顺次敲"JVKO"4个键即可。

(3) 超过4码的字,即组成汉字的基本字根超过4个,由于五笔字型的单字输入为4码输入,因此规定:取该字的第一、第二、第三及最后一个字根的代码作为该字的输入码即可。例如,"赣"字,可拆为"立、早、夂、工、贝"但输入码仅取"UJTM"。

4. 末笔画字型交叉识别码

上文已经提到,不足四个字根的汉字中,有的汉字依次输入并补空格键后,仍不能实现输入,这部分汉字在输入时,除依次输入字根外,还需补一个"末笔字型识别码"。例如,故(DTYU)、改(NTYU)等。

5. 多字词输入方法

(1) 两字词。对于两字词输入方法是每个字的前两字根,例如,"清楚"分别输入"清"前两个字根键"IG"和"楚"字前两个字根"SS",即连续输入"I,G,S,S"4个键即可。

(2) 三字词。对于三字词输入方法是前两个字的第一字根加最后一字的前两字根,例如:"龙井茶"即连续输入"D,F,A,W"4个键即可。

(3) 四字词。对于四字词输入方法是四个字的第一字根,例如:"春暖花开"即连续输入"DJAG"4个键即可。

(4) 多字词。对于多字词输入方法是前三字的第一字根加最后一字的第一字根,例如:"中华人民共和国"即连续输入"K,W,W,L"4个键即可。

(四) 简码汉字的输入

为了提高汉字的输入速度,五笔字型输入中设计了简码输入方法,就是对部分常用汉字可以通过取其前一码、前两码或者前三码等,再加上打空格键就可以完成汉字的输入。这样就减少了点击键盘的次数,同时省去了"识别码"的判别和编码,从而提高了打字的速度。简码可分为一级简码、二级简码和三级简码。

1. 一级简码

一级简码是对11到55这25个键位,每键安排一个最常用的高频汉字,输入一级简码的方法是:按一下简码字所在的键,再按一下空格,击键后再点击空格键就可以输入该汉字。

一级简码基本上都含有所在键上的字根,如"中"在"K"键位上,有"口"这个字根。只有"我、为"两个高频字没有所在键上的字根,需要单独记忆。一级简码汉字的编码见图9-4。

图 9-4　一级简码表

2. 二级简码

二级简码是由单字全码的前两个代码再加上一个空格键组成的。输入二级简码的方法是:在录入时,输入前两个编码,然后再加上空格键。二级简码汉字的编码见表9-7。

表 9-7　二级简码表

笔画	字母	横 位 GFDSA	竖 位 HJKLM	撇 位 TREWQ	捺 位 YUIOP	折 位 NBVCX
横	G	五于天末开	下理事画现	玫珠表珍列	玉平不来珲	与屯妻到互
	F	二寺城霜载	直进吉协南	才垢圾夫无	坟增示赤过	志地雪支坶
	D	三夺大厅左	丰百右历面	帮原胡春克	太磁砂灰达	成顾肆友龙
	S	本村枯林械	相查可楞机	格析极检构	术样档杰棕	杨李要权楷
	A	七革基苛式	牙划或功贡	攻匠菜共区	芳燕东 芝	世节切芭药
竖	H	睛睦睚盯虎	止旧占卤贞	睡脾肯具餐	眩瞳步眯瞎	卢　眼皮此
	J	量时晨果虹	早昌蝇曙遇	昨蝗明蚂晚	景暗晁显晕	电最归紧昆
	K	呈叶顺呆呀	中虽吕另员	呼听吸只史	嘛啼吵咪喧	叫啊哪吧哟
	L	车轩因困轼	四辊加男轴	力斩胃办罗	罚较 辚边	思团轨轻累
	M	同财央朵曲	由则迥崭册	几贩骨内风	凡赠峭嵝迪	岂邮　凤嶷
撇	T	生行知条长	处得各务向	笔物秀答称	入科秒秋管	秘季委么第
	R	后持拓打找	年提扣押抽	手折扔失换	扩拉朱搂近	所报扫反批
	E	且肝须采肛	萧胆肿肋肌	用遥朋脸胸	及胶膛胨爱	甩服妥肥脂
	W	全会估休代	个介保佃仙	作伯仍从你	信们偿伙亿	亿他分公化
	Q	钱针然钉氏	外旬名甸负	儿铁角欠多	久匀乐炙锭	包凶争色错

(续表)

笔画	字母	横 位 GFDSA	竖 位 HJKLM	撇 位 TREWQ	捺 位 YUIOP	折 位 NBVCX
捺	Y	主计庆订度	让刘训为高	放诉衣认义	方说就变这	记离良充率
	U	闰半关亲并	站间部曾商	产瓣前闪交	六立冰普帝	决闻妆冯北
	I	汪法尖洒江	小浊澡渐没	少泊肖兴光	注洋水淡学	沁池当汉涨
	O	业灶类灯煤	粘烛炽烟灿	烽煌粗粉炮	米料炒炎迷	断籽娄烃糯
	P	定守害宁宽	寂审宫军宙	客宾家空宛	社实宵灾之	官字安 它
折	N	怀导居怵民	收慢避惭届	必怕 愉懈	心习悄屡忧	忆敢恨怪尼
	B	卫际承阿陈	耻阳职阵出	降孤阴队隐	防联孙耿辽	也子限取陡
	V	姨寻姑杂毁	叟旭如舅妯	九姝奶妗婚	妨嫌录灵巡	刀好妇妈姆
	C	骊对参骠戏	骤台劝观	矣牟能难允	驻骈 驼	马邓艰双
	X	线结顷缃红	引旨强细纲	张绵级给约	纺弱纱继综	纪弛绿经比

3. 三级简码

三级简码是由单字的前三个字根组成的,只要一个汉字的前三个字根码在整个编码体系中是唯一的,一般都可以使用三级简码输入。三级简码的输入方法是:依次输入该汉字的前三个代码,再按空格键。例如:输入"论"字,先分别输入(YWX)键,然后再按空格键即可。在汉字中,三级简码一共有 4 400 多个。

此类简码输入汉字时,由于省略了对前三个字根之后字根或识别码的判定,大大地提高了汉字的输入速度。

二、讯飞输入法

讯飞输入法是由中文语音产业领导者科大讯飞推出的一款输入软件,集语音、手写、拼音、笔画、双拼等多种输入方式于一体,又可以在同一界面实现多种输入方式平滑切换,大大提升输入速度。

(一) 主要特色

1. 速度快

首创"蜂巢"输入模型,输入免切换,全方位提升输入速度。

2. 准确率高

采用拼音、手写、语音"云+端""输入引擎+海量云端词库",输入准确率提升 30%。

3. 识别率高

语音识别率超过 95%,不仅支持粤语、英语、普通话识别,还支持客家话、四川话、河南话、东北话、天津话、湖南(长沙)话、山东(济南)话、湖北(武汉)话、安徽(合肥)话、江西(南昌)话、闽南语、陕西(西安)话、江苏(南京)话、山西(太原)话、上海话等方言识别，以及离线语音识别功能。

4."随意写"输入

支持多字叠写连写，数字、英文、符号混合手写，识别率超过98%。

5.键盘输入功能齐全

拼音、笔画、英文、表情输入统统支持，还有九宫格、全键盘、点划、双键、双拼等不同输入模式可以选择。

(二) 应用

1.安装

讯飞输入法的安装过程十分简单，可以在PC、WAP、WEB等方式下载安装文件，然后找到安装文件，点击即可开始安装，安装完成后根据提示内容操作即可。

2.语音输入

讯飞输入法支持语音输入，点击左下角"话筒"键，即可进入语音输入状态，在语音输入状态下，直接说话即可进行语音输入，说话结束后，点击"中止录音"，系统就会开始识别并返回结果。

3.切换输入方式

讯飞输入法支持语音、拼音、字母、数字、符号输入，点击相应按键即可切换输入方式。手写输入无须切换输入方式，在拼音或字母输入状态下手写即可。

4.手写输入

在拼音和字母输入状态下，直接在键盘区域手写即可识别。讯飞输入法还支持竖屏叠写和横屏连写，手写输入无须停顿，系统会自动返回并识别手写的多个汉字。

5.实时语音转换文字

边说边转换，能将录音文件和文字一同保存，支持修改和重复播放，方便手动对内容进行编排和校对。

三、搜狗拼音输入法

搜狗拼音输入法是2006年6月由搜狐公司推出的一款汉字拼音输入法。搜狗拼音输入法是基于搜索引擎技术的、特别适合网民使用的新一代的输入法产品，用户可以通过互联网备份自己的个性化词库和配置信息。

(一) 主要特色

1.网络新词

搜狐公司将此作为搜狗拼音最大优势之一。鉴于搜狐公司同时开发搜索引擎的优势，搜狐声称在软件开发过程中分析了40亿个网页，将字、词组按照使用频率重新排列。在官方首页上还有搜狐制作的同类产品首选字准确率对比。

2. 快速更新

不同于许多输入法依靠升级来更新词库的办法,搜狗拼音采用不定时在线更新的办法,减少了用户自己造词的时间。

3. 笔画输入

输入时以"u"做引导可以"h"(横)、"s"(竖)、"p"(撇)、"n"(捺)、"d"(点)、"t"(提)用笔画结构输入字符。

(二) 输入类型

1. 全拼方法

全拼输入法是搜狗拼音输入法中最基本的输入方式。只要用"Ctrl+Shift"键切换到搜狗输入法,在输入窗口输入拼音,然后依次选择字词即可。

2. 简拼方法

搜狗拼音输入法支持简拼全拼的混合输入,例如:输入"srf""sruf""shrfa"都可以得到"输入法"。

3. 双拼方法

双拼是用定义好的单字母代替较长的多字母韵母或声母来进行输入的一种方式。

任务三 常用会计符号

会计、出纳员在填写记账凭证、登记账薄、编制报表时,通常使用下列约定俗成的会计符号。

√——表示已记完账或已核对,填在凭证金额右边或账页余额右边的格子内。

￥——表示人民币,已在金额前写此符号的,金额后边就不用写"元"字。

@——表示单价。

△——表示复原。将原来书写的数字划红线更正或文字更改后,发觉错误,即原写的是对的,仍应恢复原来记载,便在被划线的数字或被更改的文字下边,用红墨水写此符号,每个数码或文字下边写一个△,并在这笔数字或文字加符号处盖小章。

▢——表示赤字。在一笔数字周转划长方形框框,以代替红墨水书写,这在不能用红墨水书写的地方使用,大都用在书刊上。

♯——表示编号的号码。

∑——表示多笔数目的合计,即总和。

※——表示对某笔数字、文字另附说明。

课 后 任 务

一、目的

通过输入法的学习,使学生了解几种输入方法的相关知识,并应掌握各种输入法的技巧,以提高文字输入速度。

二、要求及任务

1. 五笔字型输入法训练。

(1) 一级简码录入练习,资料如下:

我在这主产地有了中国人民和工人为了经不以主要上发的我工这人要经为国有在以不中的地发产是同和一了主上民地人为工这发要为经是的了不同国产以我不的发主在民

(2) 二级简码录入练习,资料如下:

提间阳吉部职协天盯知庆各训惭为居末虎条订民旧处让慢理开止长度收下占得刘避事卤届现睡向砂膛达玫沁刀顾啊服肯笔物诉愉表餐秀称义习珍眩答认心玉步人方科说屡忆与眼管录灰吵这不瞎秒就忧敢屯皮秘记恨妻此充第率二量季离怪到委么后帮少时持承阿找并陈直磁啼衣懈列瞳早年站曙押曾阵南遇才昨手圾明扔前霜果打亲阴夫蛤失闪水淡灵队交坟景扩六防增暗拉立联示晃朱冰孙赤显楼普呆采洒杂左呀肛江毁丰中胆右吕右澡肋渐舅面员九原听遥泊胡吸朋脸兴克史胸光婚放闰卫寺肌没怕珠具太嘛及注妨胶洋嫌喧叫甩池好生主行计导

2. 在本学期专业教材上自选内容,同学之间自由组合,采用各种输入法进行输入练习,并测试输入速度。